KB189517

이것이
불교의

핵
심
이
다

일러두기

01. ⓢ는 산스크리트(sanskrit), ⓟ는 팔리어(pāli語)를 가리킨다.

02. 음사(音寫)는 산스크리트 또는 팔리어를 한자로 옮길 때, 번역하지 않고 소리 나는 대로 적은 것을 말한다. 예) 반야(般若, ⓢ prajñā ⓟ paññā) 열반(涅槃, ⓢ nirvāṇa ⓟ nibbāna)

03. 四念處를 대부분 '사념처' 또는 '4념처'로 적으나 이는 잘못이다. 왜냐하면 접두 사처럼 쓰이는 한자가 붙어서 된 단어는 뒷말을 두음법칙에 따라 적기 때문이다. 예) 신여성(新女性) 공염불(空念佛) 중노동(重勞動). 따라서 四念處는 '사염처' 또는 '4염처'로 적어야 한다. 마찬가지로 신염처(身念處)·수염처(受念處)·심염 처(心念處)·법염처(法念處)이다.

04. 전거에서, 〈『잡아함경(雜阿含經)』제30권 제7경〉은 『잡아함경』제30권의 일곱 번째 경을 가리킨다. 『장부(長部)』·『중부(中部)』·『상응부(相應部)』·『증지부(增 支部)』등은 남전대장경(南傳大藏經)의 경전이다. 남전대장경은 팔리대장경 (pāli大藏經)을 일본어로 번역한 것이다. 〈『장부(長部)』22, 「대염처경(大念處 經)」〉과 〈『중부(中部)』54, 「포다리경(哺多利經)」〉에서 22와 54는 경 번호이고, 〈『상응부(相應部)』23 : 15, 「苦(1)」〉에서 23은 분류(division) 번호이고, 15는 경 번호이다. 경전의 명칭 외에 품명·인명·지명도 남전대장경의 번역에 따랐다.

이것이
불교의

핵심이
다

곽철환 지음

당신의
삶을 변화시키는
15가지
불교적 성찰

불광출판사

차례

불교는 지는 꽃에서 시작해서 피는 꽃으로 마친다. 즉, 고(苦)에서 시작해서 열반(涅槃)으로 마친다.

중생의 마음은 에고(ego)의 분별에 의해 '나'와 '나 아닌 것'으로 갈라지고, '좋다'와 '싫다'로 갈라지고, '깨끗하다'와 '더럽다' 등으로 갈라진다. 이를 바탕으로 해서 온갖 2분의 분별과 감정이 잇달아 일어나 그 2분의 한쪽에 집착하고 다른 한쪽에 저항하기를 끊임없이 반복하면서 생각 생각으로 이어진다.

생각은 시도 때도 없이 뒤범벅되어 일어나 '지금 여기'에 머물지 않고 바람처럼 어디론가 간다. 이미 지나가버린 과거의 허상을 떠올려 거기에 얽매이고, 아직 오지 않은 미래의 일을 상상하여 거기에 사로잡힌다. 삶은 '지금 이 순간'이다. 과거와 미래가 소멸되지 않으면 현존(現存)할 수 없고, 현존하지 않는 삶은 허구다.

삶이 힘든 이유는 생각과 동거하면서 서로 싸우기 때문이다. 어떤 부정적인 생각이든 생각과 싸워서는 결코 해소되지 않는다. 생각이 떠돌아다니면 곧바로 알아차리고 지금 하고 있는 일이나 지금 보이는 현상에 집중하는 게 번뇌와 망상을 줄이는 길이다.

인연은 자신의 의지와 관계없이 왔다가 가기를 거듭하면서 흘러간다. 아무리 발버둥 쳐도 올 인연은 오고 갈 인연은 간다. 그 인연에 저항하거나 집착하면 온갖 불안과 갈등과 회한에 시달린다. 인연은 그냥 흘러가는 관계의 연속일 뿐, '좋은 인연'과 '나쁜 인연'으로 분별하는 건 에고의 잣대로 그은 허구의 감정에 지나지 않는다. 인연에는 아무런 잘못이 없다. 인연을 그냥 그대로 받아들이고 거기에 내맡긴 몸과 삶, 이것으로 단순하고 편안한 곳으로 나아간다.

중생의 첫 번째 집착은 자신의 '몸-마음'이다. 여기에 집착하는 한 안심(安心)에 이를 날은 영영 오지 않는다. 따라서 '자기 자신'을 5온(蘊)이나 4염처(念處)로 해체해서 거기에서 매 순간 일어났다가 사라지고 사라졌다가 일어나는 몸-마음의 생멸을 끊임없이 통찰해서 무상(無常)과 고(苦)와 무아(無我)를 보아야 한다. 그러면 개체적 자아라는 생각이 점점 희박해져 가고, 몸-마음에 대한 집착이 서서히 떨어져나가, 온갖 속박에서 점차 벗어나게 된다.

열반은 탐욕과 분노와 어리석음의 소멸이다.

중생의 탐욕이 끝없는 건, 에고의 속성이 '부족감'이어서 결코 만족할 줄 모르기 때문이다. 분노는 '저항'이다. 자신의 뜻대로 되지 않아서 일어나는 저항이고, 오고 가는 인연을 거스르는 저항이고, 허망한 에고에 상처를 받아서 치솟는 저항이다. 어리석음은 자신이 얼마나 탐욕스럽고 매사에 얼마나 잘 분노하는지를 자각하지 못하는 것이다.

　따라서 열반으로 가는 길에 복잡한 불교 교리 따위는 필요 없다. 그 탐욕과 분노와 어리석음을 계속 태워버리는 수행, 이것뿐이다. 태우면 태울수록 점점 안락하고 청량한 곳으로 나아간다.

2014년 여름

곽철환

6년 고행 끝에 보리수 아래에 앉은 싯다르타는
생물들이 태어나서 죽고 태어나서 죽기를
끝없이 되풀이하는 모습을 떠올리고는
거기에 질려버렸다.
그러고는 새벽녘에 별을 보고
해 따라 돌지 않는 별들의 세월 속으로 들어갔다.
그 세월 속에서
붓다가 선정(禪定)에서 나와 천자(天子)에게 말했다.
"과거와 현재와 미래는 백지(白紙)다."

왜
고(苦)인가?

중생의 삶이란 즐거움을 추구하고 괴로움을 회피하기 위해 움직이는 데 지나지 않는다. 그러나 즐거움을 추구하면 할수록 즐거움이 달아나고, 괴로움을 회피하면 할수록 괴로움이 따라온다. 그래서 계속해서 움직인다. '추구와 회피', 이것은 생물을 움직이게 하는 근본 요인이다.

'부족감'은 에고(ego)의 속성이어서 결코 만족을 모른다. 채우면 채울수록 모자라고 채우는 순간 결핍이 나타난다. 삶이 늘 갈등에 휘둘리는 이유는 뭔가 '부족하다는 생각' 때문이다. 아무리 많이 가지고 아무리 나이가 들어도 그 생각은 떨어져 나가지 않는다. 그래서 생각이 꼬리에 꼬리를 물고 일어나고, 끝없이 긴장하고, 불안하고, 계속 움직인다. 중생의 욕망이 끝없는 건 아무리 많이 가지더라도 그것으로 생존의 불안감과 괴로움이 해소되지 않기 때문이다. 설령 '이젠 됐다.' 하고 느긋해진다 해도 그 다음에 더 큰 괴로움이 기다리고 있다.

즉, '무료하다', '심심하다', '따분하다'는 괴로움이다. 이 괴로움은 의외로 가혹하다. 만약 하루만이라도 아무것도 하지 않고 집안에 가만히 있어 보라. 견디지 못할 것이다. 그래서 뭔가를 하기 위해 움직인다. 그러나 너무 지나치게 움직이면 괴로워서 쉰다. 너무 쉬면 이젠 그것도 괴로워서 또 움직인다. 살아 있는 한 움직이고, 움직이는 한 그 근원에 괴로움이 있다.

'즐겁다'고 느끼는 순간, 그 앞에 분명히 '괴롭다'가 있었다. '괴롭다'는 느낌 없이 '즐겁다'는 느낌은 있을 수 없다. 마찬가지로 행복을 추구한다는 것은 지금 불행하다는 증거이다. 행복한 사람이 행복을 추구한다는 건 있을 수 없기 때문이다. 그야말로 행복한 사람은 행복이라는 말이 있는지조차 모르는 사람이다. 젊은이는 청춘을 예찬하지 않고, 청산(青山)에 사는 사람은 청산을 노래하지 않는 법이다. 희망을 가지고 산다는 것은 지금의 삶이 고단하다는 뜻이다. 지금 뭔가를 추구한다면 지금은 그 뭔가의 반대 상태이다. 지금 '어떤 상태'에서 지금 그 '어떤 상태'를 추구한다는 건 있을 수 없기 때문이다.

중생의 마음은 '좋다/싫다', '즐겁다/괴롭다', '아름답다/추하다' 등, 그 2분의 한쪽에 집착하고 다른 한쪽을 회피하며 마치 시계의 추처럼 끊임없이 왕복한다. 집착과 회피의 강도가 크면 클수록 그 왕복 운동의 진폭이 커져 더 큰 불안정에 휘둘린다. 집착한다고 해서 소유할 수 있는 것도 아니고, 회피한다고 해서 벗어날 수 있는 것도 아니다. 어디에 집착한다거나 회피한다는 건 거기에 속박되었다는 뜻이다. 그래서 늘 불안정하고, 얽매이고, 불안하다. 이러한 마음 상태가 곧 고(苦)이다.

따라서 일체행고(一切行苦)이다.

이게 바로 고타마 붓다가 간파한 근원적 통찰이다.

생각과 에고의
그림자

마음의 작용이 언어의 그물에 걸리면 '생각'이라 하고, 언어가 2분화되어 있기 때문에 생각이 곧 분별이다. 언어의 그물에 걸리지 않고 심층에 잠재하고 있는 마음의 측면은 생각으로 떠오르지 않는다.

생각은 항상 대상을 '있는 그대로' 지각하지 않고 분열시키고 채색한다. 인간이란 그저 '생각 실린 구름'이고, '생각을 수집해서 저장한 창고'에 지나지 않아, 불안·두려움·걱정 등의 내용은 모두 생각이 꾸민 이야기이다. 불안이나 걱정은 꾸민 이야기가 언제 닥칠지 모른다고 미리 두려워하는 데 지나지 않는다.

생각은 과거와 미래를 떠돌아다니면서 황당한 이야기를 꾸민다. 과거에 걱정했던 일들이 실제로는 일어나지 않았다는 것이 확인되면서 그런 허황된 이야기가 괴로움의 근원이라는 것을 알게 된다. 설령 그 일이 일어났다 하더라도 걱정한 만큼 불편하지도 괴롭지도 않다. 결국 꾸민 이야기를 걱정하고 '생각'에 집착한 셈이다. 이야기를 꾸미지 않으면 '지금 이 순간'만 남아 거기에 현존(現存)하게 된다. 성자(聖者)들은 생각을 바람에 그냥 날려 보내지 결코 저장하지 않는다.

'지금 여기'를 떠난 생각은 과거와 미래를 넘나들면서 '…하면…텐데.'라는 망상을 일으킨다. '그때 내가 그에게 이렇게 말했으면 좋았을 텐데.', '그가 나를 인정해 주면 좋을 텐데.', '그가 나를 이해해 주면 좋을 텐데.' 등등, 걱정과 바람과 욕망이 허공을 떠돈다.

생각은 파도와 같아서 시도 때도 없이 오고 가기 때문에 생각이 떠오르면 그냥 사라지게 내버려두고 '바로 여기', '지금 이 순간'에 집중하는 게 생각을 돌보는 수행이다. 과거와 미래에 집착해서 '지금 이 순간'을 놓치기 때문에 생각에서 생각으로 이어진다. 생각은 삶을 헤쳐 나갈 힘이기는 하지만, 중생의 생각은 항상 에고(ego)를 바탕으로 해서 일어나기 때문에 가슴을 갉아먹는 병균이다.

생각이 일어나지 않기를 바라거나 생각이 멈추기를 바란다고 해서 그렇게 되는 게 아니다. 생각은 그냥 떠올라 이리저리 떠돌아다닌다. 헌데 생각은 단지 생각일 뿐 현실이 아니므로 믿을 게 못된다. 삶이 힘든 이유는 생각과 동거하면서 그것과 싸우기 때문이다.

정서적으로 매우 짙게 채색된 생각들은 반복적으로 찾아오는 경향이 있는데, 그 생각이 일어날 때 억압하거나 없애려고 하거나 통제하려 하면 생각은 더욱 더 강력해진다. 왜냐하면 생각은 생각을 먹고 살기 때문이다. 게다가 생각은 시도 때도 없이 모순이 뒤범벅되어 일어나기 때문에 생각을 생각으로 없애려고 하면 생각만 가중된다. 생각으로 문제를 만들고, 생각으로 그 문제를 해결하려는 것은 흐린 물이 맑아지기를 바라면서 물을 휘젓는 것과 같다.

생각이 일어나면 저항하지 않고, 따라가지 않고, 휘둘리지 않고, 한 걸음 물러서서 강 건너 불 보듯이 그냥 지켜보기만 하라. 그러면 생각의 힘은 약해진다. 마치 군중 속을 걸어갈 때 마주치는 이들과 일일이 상관하지 않고 제 갈 길 가듯이, 구름이 산봉우리에 걸려 있지만 산은 그런 구름을 번거롭게 여기지 않고 그냥 내버려두듯이, 격렬한 파도가 휘몰아쳐도 뭍은 아무런 대응을 하지 않듯이.

그런데 지금 하고 있는 일에 집중해서 생각하는 것은 '생각의 그림자'가 아니다. 그것은 삶의 힘이다. 생각의 그림자는 지금 하고 있는 일과 상관없는 생각이고, '지금 여기'를 떠나 과거나 미래로 떠돌아다니는 생각이다.

과거에 대한 생각은 주로 사람에 대한 게 많고, 미래에 대한 생각은 주로 사건에 대한 게 많다. 인연이 있는 사람을 떠올리거나 그 사람과의 관계를 되풀이해서 생각하는 건 예사로운 현상이긴 하지만, 그 생각의 대부분은 자신이 꾸민 망상의 드라마다. 이 드라마가 떠오를 때마다 곧바로 알아차리고, 지금 하고 있는 일이나 지금 보이는 사물에 집중하는 게 번뇌를 줄이는 길이다. 왜냐하면 사람에 대한 생각에는 항상 감정이 개입되기 마련이어서 애착과 분노와 갈등을 일으키기 때문이다. 그리고 미래에 어떤 사건이 일어날지는 '모른다'가 정답이므로 미래의 일은 인연에 내맡겨버릴 수만 있다면 생각이 잦아들 것이다.

긍정적인 생각에 집착하고 부정적인 생각에 저항하면 그런 생각에 속박된다. 부정적인 생각이 일어나더라도 저항하지 않고 그저 바라보기만 한다면, 그 생각이 그리 자주 찾아오지 않는다. 그러니까 집착하거나 저항할 게 아니라 그냥 내버려두는 거다. 부정과 긍정의 경계가 붕괴해버려 집착할 것도 저항할 것도 없는 게 해탈이다.

부정적인 무슨 일이 일어나더라도 그것을 그냥 받아들이지 않고 저항하는 데서 괴로움이 생긴다. 인연의 공기 속에 살면서 아무리 저항해봐야 소용없다. 어떤 결과의 원인을 알 때 '필연'이라 하고, 그 원인을 모를 때 '우연'이라고 하지만, 우연도 인연이고 필연도 인연이다. 원인 없는 결과는 없으니, '재수 없다'도 인연이고 '운 좋다'도 인연이다.

자신에게 일어났거나 일어나거나 일어날 일은 모두 인연 따라 일어나는 것이지, 자신의 뜻이나 의지에 따라 일어나는 게 아니다. 인연에는 아무런 잘못이 없다. 그 인연에 저항하니까 괴로운 거다. 인연에 저항하지 않고, 자신을 인연에 내맡기는 게 안심(安心)에 이르는 길이다. 모든 인연에 감사하고 헌신하는 것, 이게 요점이다.

생각은 자신의 의지와 관계없이 그냥 일어난다. 그것을 막을 수는 없다. 생각은 마치 강물과 같아서 그 흐름을 멈출 수 없다. 그 강물에 뛰어들거나 흐름을 따라가면 생각의 유혹에 걸려드는 것이니, 그냥 강가에 앉아서 그 흐름을 지켜보기만 하는 게 명상이다. 그러니 어떤 순간이 주어지든지, 마음속에서 어떤 생각이 일어나든지, 마음속을 무엇이 통과해 가든지, 그것에 초점을 맞추려고도 그것을 억누르려고도 하지 말고 그냥 지켜보기만 하면서 쉬는 것, 이게 명상이다. 흐린 물을 맑게 하는 가장 단순한 방법은 그냥 그대로 놓아두는 것이다.

생각은 사실의 문제에서 일어나기도 하지만 대부분 감정을 바탕으로 해서 일어난다. 감정이 어떤 현상에 대해 예민하게 반응하면 할수록 생각이 많다. 즉, '좋다/싫다', '깨끗하다/더럽다', '아름답다/추하다', '행복/불행', '기쁨/슬픔' 등의 2분법에 민감하면 할수록 감정의 소용돌이에 휘말려 집착하거나 저항하기를 계속 반복한다. 따라서 생각을 정리하려거나 줄이려면 생각에 초점을 맞추기보다 자신의 감정이 어떠한지를 관조(觀照)해서 그 감정의 2분법에 둔해져야 한다. 그러니까 어떤 현상을 대하더라도 너무 민감하게 분별하거나 판단하지 않고 그냥 내버려두는 거다. 이게 단순하고 편하게 사는 길이다.

따라서 복잡한 불교 교리 따위는 필요 없다. 다만 부질없는 생각과 감정을 청소할 줄만 알면 된다. 부정적인 생각과 감정은 생존의 유지와 안전에 지나치게 민감해서 일어나는 불안이나 두려움에서 비롯되고, '몸-마음'에 집착하고 애착하면 할수록 그 생각과 감정이 자주 찾아온다. 부정적인 생각과 감정의 내용은 대부분 저항이다. 저항이 곧 분노이고 스트레스다.

순간순간 일어나는 생각이나 감정에 즉각적이고 반사적으로 반응하지 않고 잠시 멈추는 것, 이게 수행의 시작이다.

생각은 다른 생각과 비교해서 일어난다. 비교하지 않으면 어떤 것도 긍정적이지도 않고 부정적이지도 않다. '좋지 않다'를 염두에 두지 않으면 '좋다'는 생각이 일어나지 않는다. 저 나무는 '크다'고 할 때, 저 나무보다 작은 나무를 염두에 두고 있기 때문에 '크다'고 한다. 애당초 '좋다', '크다'는 있지도 않았다. 그것은 자신이 만들어낸 감정이고 경계이다. 오고 가는 생각에 저항하거나 집착하지 않고 그냥 내버려두는 수행을 계속해 나가면, '좋다/싫다'는 경계가 점점 무너지기 시작할 것이다.

어떤 현상들의 차이를 알고 구별을 하는 건 반드시 필요하지만 '좋다/싫다', '예쁘다/추하다', '성스럽다/속되다' 등으로 차별하는 게 괴로움과 갈등을 일으키는 근원이다. 이 차별하는 마음이 강하면 강할수록, 좋거나 싫은 게 많으면 많을수록 집착과 저항과 속박에 시달려 안정에 이르지 못한다.

그런데 가끔 불안한 생각이 떠오를 때, 그 생각을 없애려고 애쓰면 애쓸수록 그것은 더욱 강화된다. 불안을 그리 심각하게 받아들이지 않으며, 불안과의 싸움을 포기하고, 불안이 그냥 오가게 내버려두면 불안을 점점 두려워하지 않게 된다. 불안을 없애기 위해 많은 에너지를 소모하지 않으면, 불안은 그리 자주 찾아오지 않는다. 설령 불안이 찾아오더라도 저항하지 않고 그냥 지켜보기만 하면 불안의 힘은 약해진다. 마치 정류장에 앉아 오가는 차들을 그냥 바라보기만 하듯이. 불안과 싸우면 도로에 뛰어드는 격이 된다.

불안은 불확실한 미래를 부정적으로 생각하여 막연하게 걱정하거나 염려하거나 두려워하는 감정이다. 그런데 위험을 예감하거나 예측해서 조심하거나 피하는 정도의 불안은 생존에 꼭 필요해서 전혀 문제될 게 없지만, 미래에 전개될 어떤 일을 잘못 해석하거나 확대해서 상상함으로써 위험을 스스로 만들어내는 불안은 정신적 고통이다.

과거에 그렇게 걱정한 일이 실제로는 일어나지 않았다는 걸 스스로 경험하고, 과거에 그렇게 심각하게 고민했던 일을 돌이켜보면 그게 쓸데없는 환영이었다는 걸 자각함으로써 불안을 어느 정도 해소할 수는 있지만, 지금도 앞으로도 그런 걱정과 고민을 반복하는 게 중생의 삶이다.

그 불안은 생존의 안전을 지나치게 염려하는 데서 일어난다. 살아 있는 한 몸에 애착할 수밖에 없지만, 사실 완벽하게 안전한 삶은 있을 수 없다. 살아 있는 한 항상 위험에 노출되어 있고, 육신도 무상(無常)하니 변화하고 아플 수밖에 없다. 태어난 육신은 늙고 병들고 죽는 변화를 피할 수 없는데도 늙고 병들고 죽는 데 저항하니, 삶이 불안할 수밖에 없지 않은가.

헌데 육신을 애지중지해서 아무리 잘 보살핀다고 해도 그리 잘 보존되거나 오래 유지되는 게 아니다. 육신의 안녕(安寧)은 아무도 '모른다'가 정답이다. 육신에 아무리 애착해도 자신의 의지와 관계없이 인연 따라 유지되다가 인연 따라 소멸해 갈 뿐이다. 게다가 육신에서 자신의 의지로 움직이는 건 목과 팔다리 정도에 불과할 뿐, 오장육부는 자신의 의지로 움직이지 못한다. 분명히 내 것인데도 말이다.

육신에 집착하고 애착하면 할수록 불안은 더 자주 찾아오기 마련이므로 육신을 그냥 인연에 내맡기고 살아가는 게 불안을 약화시키는 유일한 방법이다. 인연에 내맡긴 몸과 삶, 이것으로 청량하고 단순하고 편안한 곳으로 나아간다.

그러나 바위 같은 안정을 바란다면 그건 망상이다. 살아서 전혀 불안하지 않고 항상 안정된 상태를 유지한다는 건 있을 수가 없다. 생물이 어찌 자극 없이 존재할 수 있겠는가. 그런 상태를 바란다면 그건 죽은 후에 누리면 된다.

살아가면서 가장 불안하고 두려워하는 건 죽음일 게다. 헌데 몸의 죽음을 두려워하지만 실은 죽음에 대한 자신의 '상상'을 두려워하는 것이다. 알 수 없는 세계를 두려워하고, 생각이 없는 미래를 두려워하는 것이다.

죽음은 '아무것도 없는 것'으로의 회귀이다. 생각의 완전한 소멸이다. 생각이 완전히 소멸된 상태에서는 그야말로 아무것도 없어서 거기에 불안도 두려움도 끼어들 수 없다. 양초가 몸이라면 촛불은 생각이다. 양초가 다하면 촛불은 꺼지는 법, 이게 전부다.

태어나기 전에도 아무것도 없었고 죽은 후에도 아무것도 없어서, 없기는 마찬가지인데 태어나기 전은 두려워하지 않으면서 죽은 후는 두려워하는 게 인간이다. 지금으로부터 100년 전에 두려움이 없었다면, 100년 후에도 두려움이 없을 것이다. 죽음을 두려워하는 것은 곧 '죽음에 대한 생각'을 두려워하는 것이다. 죽음에 대해 생각하고 있지 않을 때는 죽음을 그냥 받아들이는 것으로 되어 죽음에 대한 두려움이 희박해진다.

죽음은 '꿈 없는 잠'과 같다. 관측자가 볼 때, 전자는 숨이 멎었고 후자는 숨을 쉬는 것으로 보이지만 당사자에게 그 둘은 똑같다. 따라서 생물은 영면(永眠)하기 전까지 매일 죽었다가 깨어나기를 반복한다는 결론에 이른다. 죽음은 꿈 없는 잠과 뭔가 다를 거라는 생각이 두려움의 원인이다. 죽음과 달리 잠자기를 두려워하지 않는 건, 내일 깨어날 거라는 기대감, 단지 그 기대감 하나 때문이다.

그런데 죽음에 대해 생각이 많고 지나치게 민감하면 삶도 두려워하기 마련이어서 안정은 영영 오지 않는다. 살 때 삶에 철저하여 죽음에 대해 생각하지 않고, 죽을 때 그냥 적멸(寂滅) 속으로 들어가 버리는 것, 이게 편하게 살고 편하게 죽는 길이다.

인간의 삶과 죽음을 간략히 표현하면 '찰나에 견문각지(見聞覺知)하고 소멸한다.'이다. 견문각지는 눈으로 형상을 보고[見], 귀로 소리를 듣고[聞], 코·혀·몸으로 냄새·맛·촉감을 감각[覺]하고, 의식 기능으로 의식 내용을 아는[知] 작용이다. 목숨은 그야말로 찰나에 반짝하고 꺼진다.

머릿속에 지속적으로 상상의 화면이 떠오르고 불안이 자주 찾아오지만, 그렇다고 해서 그것을 혐오할 수도 없고 자책할 수도 없는 일이다. 왜냐하면 그것들은 자신의 의지와 아무런 관계없이 그냥 왔다가 가기를 반복하기 때문이다. 자신의 의지로 그런 화면을 떠올리는 것도 아니고, 자신의 의지로 불안을 만들어내는 것도 아니다. 그래서 그것들을 회피하거나 억압할 게 아니라 그대로 너그럽게 받아들여 용해시키는 게 자신을 돌보는 길이다.

그런데 '편안'과 '불안'에 너무 골몰하면 거기에 민감해져 마음이 산란해진다. 불안을 회피하고 편안을 추구하는 게 당연하지만, 너무 집착하면 마음은 그 두 곳에 지나치게 예민해져 도리어 안정은 오지 않는다. 슬픔에 저항하면 그것에 민감해져 슬픔 속에 갇히게 되고, 괴로움에 저항하면 그것에 긴장하여 즐거움을 만나지 못하게 된다.

삶 자체가 불안정과 안정의 반복이기 때문에 안정에 대한 강박증은 자신을 더욱 불안하게 한다. 살다 보면 이런 때도 있고 저런 때도 있는 법이니, 이런 때를 받아들였으면 저런 때도 받아들여야 한다. 그러지 않고 어느 한쪽만 애착하고 다른 한쪽을 억압하면 혼란과 갈등에서 벗어나지 못한다. 따라서 그 애착과 혐오의 두 쪽으로 왕복하는 진폭을 줄이는 게 편안과 안정으로 나아가는 길이다. 그러니까 어느 한쪽을 지나치게 탐닉하거나 지나치게 싫증내지 않는 중도(中道)가 안심(安心)에 이르는 길이다.

그러나 안심이란 애착과 혐오가 전혀 없는, 진폭이 전혀 없는 바위 같은 상태가 아니라 진폭이 줄어든 상태이다. 생물이 바위가 될 수는 없지 않은가.

모든 2분의 경계는 어떤 대상이나 상태에 선을 그은 생각의 대립이다. 그 대립의 한쪽은 다른 한쪽을 전제로 하고, 한쪽이 없으면 다른 한쪽도 없다. '좋다'가 없으면 '싫다'가 없고, '아름답다'는 '추하다'를 전제로 하고, '나무'는 '나무 아닌 것'과 대립하고, '평등'은 '불평등'을 배경으로 한다.

'좋다'가 있으므로 '싫다'가 있고, '좋다'가 일어나므로 '싫다'가 일어난다. '좋다'가 없으므로 '싫다'가 없고, '좋다'가 소멸하므로 '싫다'가 소멸한다.

깨끗함에 의존하지 않고는
더러움이 없고
깨끗함에 의존하여 더러움이 있나니
그러므로 더러움은 없다.

더러움에 의존하지 않고는

깨끗함이 없고
더러움에 의존하여 깨끗함이 있나니
그러므로 깨끗함은 없다.
- 『중론(中論)』 제4권, 제23 「관전도품(觀顚倒品)」

"무엇을 무이상(無二相)이라 하는가?
대혜(大慧)야, 빛과 그림자, 긺과 짧음, 흑과 백 같이 다
상대적으로 성립하고 홀로 이루어지지 못한다.
대혜야, 생사 밖에 열반이 있는 것도 아니고,
열반 밖에 생사가 있는 것도 아니어서 생사와 열반이
다른 게 아니다. 생사와 열반 같이 모든 현상도
역시 그러하다. 이를 무이상이라 한다."
- 『대승입능가경(大乘入楞伽經)』 제2권

중생의 분별로
허망한 모습 보이나
오직 마음일 뿐 실은 경계 없으니
분별을 떠나면 해탈이네.

아주 먼 과거부터

분별과 온갖 관념 쌓고

악습에 물들어

이런 허망한 경계를 일으키네.

어리석은 자가 분별한

바깥 경계는 실로 있는 게 아닌데

습관적으로 어지럽고 흐린 마음이

바깥 경계인 듯 잘못 보아 이리저리 떠도네.

　－『대승입능가경(大乘入楞伽經)』제6권

문　무념(無念)을 근본으로 삼는다고 하셨는데, 무념이란 어떤 생
각이 없는 겁니까?

답　무념이란 그릇된 생각이 없는 것이고, 바른 생각이 없는 게
아니다.

문　무엇이 그릇된 생각이고, 무엇이 바른 생각입니까?

답　유(有)를 생각하고 무(無)를 생각하는 게 그릇된 생각이고, 유

무를 생각하지 않는 게 바른 생각이다. 선을 생각하고 악을 생각하는 게 그릇된 생각이고, 선악을 생각하지 않는 게 바른 생각이다. 마찬가지로 고락(苦樂) · 생멸(生滅) · 취사(取捨) · 원친(怨親) · 증애(憎愛) 등을 생각하는 게 그릇된 생각이고, 고락 등을 생각하지 않는 게 바른 생각이다. (…)

문 어떻게 하면 부처의 진신(眞身)을 봅니까?
답 유무(有無)를 보지 않으면 바로 부처의 진신을 본다.

문 어째서 유무를 보지 않으면 부처의 진신을 보게 됩니까?
답 유(有)는 무(無)로 인해서 세워지고, 무는 유로 인해서 드러난다. 본디 유를 세우지 않으면 무도 있지 않으니, 이미 무가 있지 않은데 어디서 유를 얻을 수 있겠는가. 유와 무가 서로 의지해서 있으니, 이미 서로 의지해서 있으면 다 생멸(生滅)이다. 다만 이 두 소견을 떠나면 바로 부처의 진신을 보게 된다.
– 『돈오입도요문론(頓悟入道要門論)』

'좋다/싫다' 등의 대립은 서로 의존하여 번갈아 일어나고 소멸하기를 끝없이 반복한다. 어느 때는 좋아하다가 어느 때는 싫어하고, 고마워하다가 얼마 안 가 짜증내고, 그렇게 소중히 여기던 것도 나중엔 귀찮아진다.

'나/나 아닌 것', 이게 최초의 경계이며, 가장 소중히 여기는 경계이고, 모든 경계의 바탕이다. 그러나 애당초 경계는 없었다. 생각이 경계를 그어 일체를 산산조각 내고 채색했다. 생각이 많을수록 경계에 집착하고, 지나친 생각은 경계를 강화시킨다. 이 경계가 언어이고, 분별이고, 이름이고, 갈등이고, 대립이다. 경계를 실재하는 것으로 착각해서 어느 한쪽에 지나치게 집착하면, 다른 한쪽에 더욱 더 긴장하고 민감해진다. 청정에 집착하면 할수록 오염에 더욱 더 민감해지고, 선을 추구하면 할수록 악에 더욱 더 긴장하고, 삶에 대한 과잉 반응은 죽음에 대한 두려움을 가중시킨다.

깨닫고자 하면 점점 멀어지고
편안하려 하면 더욱 불안해지니
편안을 잊어야 편안하고
깨달음을 잊어야 깨닫게 되나니
이 도리는 원래 복잡하지 않네.

–『원감국사가송(圓鑑國師歌頌)』

2분의 경계는 인간의 생존에 필요하지만, 대립은 그저 하나의 과정에 대한 두 개의 다른 생각에 지나지 않는다는 걸 망각한 채, 서로 투쟁하는 두 과정이 실재한다고 착각하면 불안과 갈등과 투쟁 속에 빠져버린다. 그 경계는 서로 의존해서 일어나기 때문에 어느 한쪽을 없애려고 애쓰는 건 헛수고다. '싫다'는 없고 '좋다'만 있을 수는 없는 법이다. 그래서 그 둘에 저항하지도 집착하지도 않고 수용해서 용해시키는 길 외에 다른 길은 없다. 경계의 점진적인 붕괴이다. 이게 생각을 약화시키는 길이다.

생각의 힘이 약해지면 2분화의 양쪽, 즉 '나/나 아닌 것', '좋다/싫다', '즐겁다/괴롭다' 등으로 끊임없이 오락가락하는 운동의 진폭이 작아져 점점 '안정'과 '평온'에 이르게 된다. 그러니까 괴로움에 저항하지 않고 즐거움을 추구하지도 않는 게 왕복의 진폭을 줄이는 길이다. 춥다고 저항하고 덥다고 저항하면 불안정은 끝이 없다. 그래서 선사들이 '겨울은 춥고 여름은 덥다[冬寒夏熱].'고 했다.

생각이 소멸되면 어떻게 되는가?

에고가 소멸되고, 마음의 소음이 사라지고, 집착이 떨어져 나가고, 과거와 미래가 없어져 '지금 이 순간'에 머물고, 2분화의 분별이 함몰되어 고락과 생사가 없는 중도(中道)에 이른다.

　　진흙소 두 마리가 서로 싸우더니
　　울부짖으며 바다로 뛰어들었네.
　　과거·현재·미래에
　　아무리 찾아봐도 감감 무소식이네.
　　－『백운화상어록(白雲和尙語錄)』하(下)

　　마음이 진흙으로 소 두 마리(2분법의 생각)를 만들어 온갖 분
별을 일삼다가 다 토해내면서 바다로 뛰어드니, 두 마리 진흙
소가 녹아버렸다. 2분법이 함몰되어 버리니 유무(有無)가 사라
졌다. 적멸(寂滅)이다.

　　꿈같고 환영 같고 허공의 꽃 같은
　　67년 세월.
　　백조 날아가고 물안개 걷히니
　　가을 물이 하늘에 닿네.
　　－『굉지선사광록(宏智禪師廣錄)』제9권

온갖 것 다 사라지고 가을 물이 하늘과 합쳐 '하나'가 되었나니, 그 '하나'가 곧 무(無)다. 천동산(天童山)에서 몸과 마음을 탈락시키고 묵묵히 좌선하다가 '하나'가 되어버린 굉지 정각(宏智正覺, 1091~1157), 인연이 다해 영원한 고향인 무(無)로 돌아갔다.

위의 게송은 굉지의 임종게이다.

'자아라는 생각'이 중생의 첫 번째 에고이다.

『금강경』은 수보리가 묻고 세존이 대답하거나 세존이 수보리에게 반문하여 대답을 유도하는 형식으로 전개되는데, 수보리의 첫 질문은 "아누다라삼먁삼보리(阿耨多羅三藐三菩提 : 가장 뛰어나고 바르고 원만한 깨달음)를 구하려는 마음을 낸 선남자 선여인은 어떻게 살아야 하고 어떻게 그 마음을 다스려야 합니까?"라는 것이다.

이 질문에 대한 세존의 답은 "자아라는 생각, 인간이라는 생각, 중생이라는 생각, 목숨이라는 생각을 갖지 마라."로 시작된다. 왜냐하면 그러한 생각이 집착으로 이어지고 견해로 굳어져, 그것으로 말미암아 아만과 탐욕과 증오심을 일으키기 때문이다. 그러니까 생각이 곧 얽매임이고 집착이라는 것이다. 생각이 일어나니, 온갖 경계와 틀, 개념과 분별과 차별이 생기고,

중생은 그것들을 고정된 실체로 여겨 집착하지만 그것들은 생각이 일으킨 허구에 불과하다는 가르침이다. 그래서 "자아라는 생각, 인간이라는 생각, 중생이라는 생각, 목숨이라는 생각이 있으면 보살이 아니다.", "중생들이 마음에 생각을 갖게 되면, 자아와 인간과 중생과 목숨에 집착하는 것이 된다.", "모든 생각을 떠난 자를 부처라 한다.", "보살은 모든 생각을 떠나서 아누다라삼먁삼보리를 구하려는 마음을 내야 한다."고 했다.

결국 중생의 삶이란 에고의 만족을 위한, 에고에 상처를 입지 않기 위한 갈등에 지나지 않고, 에고의 올가미에 걸려든 그 삶은 탐욕과 불안에 휘몰릴 수밖에 없다. 아누다라삼먁삼보리는 '에고의 죽음', 즉 '자아라는 생각'과 '자아에 대한 집착'의 소멸이다. 그 에고가 폭발해버린 상태가 무아(無我)이고, 에고의 불길이 남김없이 꺼져 버린 상태가 열반(涅槃)이다.

에고는 '자신만 소중히 여기고, 자신은 남보다 나은 어떠어떠한 사람이라는 생각'을 바탕으로 해서 '자아에 대한 집착'과 '저항'으로 나타난다. 그래서 자신을 대단한 사람으로 여겨 남이 자신을 주목해 주고 알아주길 갈구하고, 남이 자신을 인정해 주고 대접해 주길 바라고, 자기주장을 끈질기게 내세워 자기를 선전하기에 바쁘고, 자신의 생각이나 생활 방식대로 남들도 그렇게 하기를 바란다. 허나 이러한 생각이나 바람은 그야말로 착각이다. 왜냐하면 남들은 자신을 그렇게 생각하지 않기 때문이다. 따라서 에고는 착각과 환상의 덩어리다. 그래서 남들이 자신의 존재나 가치를 알아주지 않을 때 갈등을 일으키고 분노한다. 이 분노가 곧 저항이다.

이 저항은 생각의 차원에서는 불필요한 판단이고, 감정의 차원에서는 부정적이다. 분노하는 것은 상대방의 생각과 행동이 자신과 다르기 때문에 일으키는 저항이다. 뭔가에 저항하면 그것에 사로잡히게 된다. 왜냐하면 그 순간부터 거기에 지나치게 민감해지기 때문이다.

에고가 강한 사람일수록 생각이 많다. 왜냐하면 과거의 인간관계에서 자신의 에고가 손상되지 않았는지를 점검하느라 노심초사하고, 미래에 자신은 어떠어떠해야 한다는 강박증에 사로잡혀 생각이 과거와 미래로 떠돌기 때문이다.

그럼 왜 에고를 버리지 못하는가?

답은 간단하다. 에고의 약화가 생존에 불리하다고 착각해서 에고를 애지중지하기 때문이다. 마음을 비우려고 해도 그렇게 되지 않는 것은, 에고에 상처를 받으면 '기분이 나빠서' 그 에고를 소중히 여기기 때문이다. 그러니까 거기에 상처를 입으면 자신의 삶이 비참해지고 처량한 신세로 전락한다고 착각하기 때문에 그것을 소중히 여기는 것이다. 그러니 인간은 '기분 좋은 것'을 추구하고, 기분에 좌지우지되는 비합리적인 감정의 동물에 지나지 않는다.

그런데 그렇게 애지중지하는 에고가 실은 괴로움과 불안과 갈등의 뿌리여서 삶에 불리하게 작용한다는 걸 절실히 자각하지 못하면 억겁을 불교 공부해도 말짱 헛일이다. 게다가 에고가 멀쩡하게 버티고 있는 한, 지혜와 자비의 싹은 결코 돋아나지 않는다. 지혜와 자비가 없는 불교는 관념과 의식(儀式)의 유희에 지나지 않는다. '자아 없는 지혜, 자아 없는 자비'가 불교의 심장이다.

그런데 에고가 삶에 전혀 도움이 되지 않고 괴로움과 불안과 갈등의 뿌리라는 걸 절감하고, 그것을 버리기 위해 애써 노력한다고 해도 그게 뜻대로 되지 않는다. 물건을 버리듯 그렇게 버릴 수 있는 게 아니다. 왜냐하면 에고가 곧 생존이고 목숨이어서 그것 없이는 살아갈 수 없다는 고착된 습성이 삶의 밑바닥에 견고하게 각인되어 있기 때문이다.

고타마 싯다르타가 깨닫기 직전, 그 직전까지 그를 괴롭히면서 끈질기게 남아 있은 게 에고였다. 그만큼 완강하고 질기고 강하게 버티는 게 에고이다. 분별을 일삼는 현재의 자신이 죽지 않으면 에고는 결코 분쇄되지 않는다.

그래서 예로부터 에고를 내다버리고 다시 살아난 사람은 드물었고, 에고를 부둥켜안고 괴로움 속에 살다가 죽은 사람은 부지기수다. 성자들은 죽기 전에 여러 번 죽었다. '자아'라는 생각이 죽었고, '내 것'이라는 생각이 죽었고, 몸에 대한 집착이 죽었고, 에고가 죽었다. '자아'가 죽어 온 천지가 나 아닌 것이 없게 되어버렸다.

에고가 몸에게 끊임없이 보내는 메시지는 '위험하니 조심하라'는 것이다. 그래서 몸의 보존을 위해 주변 환경에 항상 예민하기 때문에 긴장의 연속이고, 부정적이고, 불안하다. 몸에 집착한다고 해서 몸의 보존에 유리해지는 것도 아니고, 집착하지 않는다고 해서 불리해지는 것도 아니다. 집착이나 의지와 관계없이 거대한 인연의 그물 속에서 생겨난 건 소멸하고, 나타난 건 사라지고, 모인 건 흩어질 뿐이다. 겹겹이 쌓여 끝없이 펼쳐진 인연의 그물 속에서 아무리 발버둥 쳐도 올 건 오고, 갈 건 가고, 일어날 건 일어나고, 사라질 건 사라진다. 몸에 대한 집착은 에고만 강화시킬 뿐 몸에 도움이 되는 건 아무것도 없다.

흔히 남들이 에고와 집착이 강하지 자신은 그렇지 않다고 착각하지만, 자신 속에 있는 에고와 집착을 절실히 자각하지 못하면 그것을 약화시키는 길은 영영 오지 않는다.

그래서 에고가 일어날 때 곧바로 알아차리고 자동으로 반응하기 전에, 즉각적으로 반응하기 전에 그야말로 잠깐, 단 1초만이라도 '틈'을 가지는 게 수행의 시작이고, 에고를 약화시키는 길이다. 예를 들어 화가 치밀거나 남에게 부정적인 말을 하려는 충동이 일어날 때, 잠깐 틈을 가지면 그 충동이 잦아든다.

그래서 수행자는 에고를 완전히 소멸시킨 아라한(阿羅漢)이 될 때까지, 에고를 약화시키고 감소시키는 수행을 계속해 나가는 길 외에 다른 길은 없다. 그러니 수행자는 평생 수행자다.

고에서
열반으로 가는

4제(諦)

세존께서 말씀하셨다.

"너희들은 4제(諦)가 있다는 것을 알아야 한다. 어떤 것이 넷인가? 괴로움이라는 진리[苦諦], 괴로움의 발생이라는 진리[集諦], 괴로움의 소멸이라는 진리[滅諦], 괴로움의 소멸에 이르는 길이라는 진리[道諦]이다.

어떤 것이 괴로움이라는 진리인가?

태어나는 괴로움, 늙는 괴로움, 병드는 괴로움, 죽는 괴로움, 근심하고 슬퍼하고 걱정하는 괴로움 등 헤아릴 수 없이 많고, 미워하는 사람과 만나야 하는 괴로움, 사랑하는 이와 헤어져야 하는 괴로움, 구해도 얻지 못하는 괴로움이다. 간단히 말해, 5음(陰)에 탐욕과 집착이 번성하므로 괴로움[五盛陰苦]이다. 이것이 괴로움이라는 진리이다.

어떤 것이 괴로움의 발생이라는 진리인가?

느낌과 애욕을 끊임없이 일으켜 항상 탐내어 집착하는 것이다. 이것이 괴로움의 발생이라는 진리이다.

어떤 것이 괴로움의 소멸이라는 진리인가?

저 애욕을 남김없이 멸하여 다시 일어나지 않게 하는 것이다. 이것이 괴로움의 소멸이라는 진리이다.

어떤 것이 괴로움의 소멸에 이르는 길이라는 진리인가?

현성(賢聖)의 8정도(正道)이니, 바르게 알기[正見]·바르게 사유하기[正思惟]·바르게 말하기[正語]·바르게 행하기[正業]·바르게 생활하기[正命]·바르게 노력하기[正精進]·바르게 알아차리기[正念]·바르게 집중하기[正定]이다.

이것을 4제(諦)라고 한다.”

－『증일아함경(增一阿含經)』 제14권, 「고당품(高幢品)」 제5경

4제(諦)를 4성제(聖諦)라고도 한다. 제(諦)는 Ⓢ satya Ⓟ sacca 의 번역으로 '진리'를 뜻한다. 괴로움을 소멸시켜 열반에 이르게 하는 네 가지 진리로, 고제(苦諦)·집제(集諦)·멸제(滅諦)·도제

(道諦)이다. 집제(集諦)에서 집(集)은 ⑤Ⓟ samudaya의 번역으로 '발생'을 뜻한다.

붓다가 "비구들아, 예나 지금이나 내가 가르치는 것은 단지 고(苦)와 그 고(苦)의 소멸일 뿐이다."[『중부(中部)』 22, 「사유경(蛇喩經)」]라고 했듯이, 불교는 고(苦)에서 시작해서 열반(涅槃)에서 마친다.

고에서 열반으로 나아가는 길이 바로 4제(諦)이다. 그래서 "모든 동물의 발자국이 다 코끼리 발자국 안에 들어오듯, 모든 가르침은 다 4제에 포함된다."[『중부(中部)』 28, 「상적유대경(象跡喩大經)」]라고 했다.

이 4제야말로 고에서 열반으로 나아가는 유일한 길이다. 따라서 4제는 불교의 처음이자 끝이다.

붓다께서 말씀하셨다.

"마라가야, 세계는 유한한가, 무한한가? 영혼과 육체는 같은가, 다른가? 인간은 죽은 다음에도 존재하는가, 존재하지 않는가?

이런 문제들이 해결된다 하더라도 인생의 괴로움은 해결되지 않는다. 우리는 현재의 삶 속에서 괴로움을 소멸시켜야 한다.

마라가야, 내가 설하지 않은 것은 설하지 않은 대로, 설한 것은 설한 대로 받아들여라.

그러면 내가 설한 것은 무엇인가?

'이것은 괴로움이다.'라고 나는 설했다. '이것은 괴로움의 발생이
다.'라고 나는 설했다. '이것은 괴로움의 소멸이다.'라고 나는 설했
다. '이것은 괴로움의 소멸에 이르는 길이다.'라고 나는 설했다.

나는 왜 그것을 설했는가?

그것은 열반에 이르게 하기 때문이다."

－『중부(中部)』63, 「마라가소경(摩羅迦小經)」

괴로움이라는 진리 - 고제(苦諦)

"비구들아, 괴로움이라는 진리가 있다.

태어남은 괴로움이고, 늙음은 괴로움이고, 병듦은 괴로움이고,
죽음은 괴로움이다. 근심·슬픔·불행은 괴로움이고, 미워하는 사
람과 만나는 것은 괴로움이고, 사랑하는 사람과 헤어지는 것은
괴로움이고, 구해도 얻지 못하는 것은 괴로움이다.

간단히 말하면, 5온(蘊)에 집착이 있으므로 괴로움이다."

－『율장(律藏)』「대품(大品)」6, 초전법륜(初轉法輪)

"비구들아, 무엇이 괴로움이라는 진리인가?

태어남은 괴로움이고, 늙음은 괴로움이고, 병듦은 괴로움이고,

죽음은 괴로움이다. 근심·슬픔·통증·번민·절망은 괴로움이고,

원하는 것을 얻지 못하는 것은 괴로움이다.

간략히 말하면, 5온(蘊)에 대한 집착이 괴로움이다."

－『장부(長部)』 22, 「대염처경(大念處經)」

인간을 구성하는 다섯 가지 요소의 무더기, 즉 몸[色]·느낌
[受]·생각[想]·의지[行]·인식[識]을 5온(蘊) 또는 5음(陰)이라 하는
데, 이 5온에 집착하는 건 에고(ego)의 생존욕 때문이다.

이 생존욕은 '나/나 아닌 것'으로 갈라지고, 생존에 '유리하
다/불리하다'로 갈라지고, '기분 좋다/기분 나쁘다'로 갈라진
다. 이걸 바탕으로 온갖 2분(分)의 분별과 감정들이 잇달아 일
어나고, 그 2분의 한쪽을 회피하고 다른 한쪽에 집착하기를 반
복하면서 끊임없이 오락가락한다. 한쪽에 집착하면 반드시 다
른 한쪽을 회피하게 되고, 한쪽을 추구하면 다른 한쪽에 저항
하게 된다. 어떤 상태에 집착한다고 해서 그것을 계속 유지할
수 있는 것도 아니고, 어떤 현상을 회피한다고 해서 그것이 다
가오지 않는 것도 아니다. 그래서 늘 불안정하여 괴로움에 시

달린다.

'나/나 아닌 것'이라는 경계가 강화되면 될수록 에고는 견고해지고, 아무리 생존에 '유리함'을 추구해도 생존에 유리해지는 것도 아니고, 어느 한 순간 '기분 좋다'를 느꼈으면 그 앞에 반드시 '기분 나쁘다'가 있었다. 그래서 마음의 불안정한 요동과 소음은 끝이 없다.

감각 기관이 대상과 접촉하면 느낌이 일어나는데, 느낌이 좋으면 탐욕과 집착이 생겨 대상을 갖기 위해 움직이고, 느낌이 싫으면 대상을 피하기 위해 움직이고, 느낌이 좋지도 않고 싫지도 않으면 따분함을 견디지 못해 다른 뭔가를 찾기 위해 움직인다. 좋은 걸 가지고 싶으나 뜻대로 되지 않아 괴롭고, 싫은 걸 피하고 싶으나 계속 만나 괴롭고, 따분해서 뭔가를 찾으나 찾지 못해 괴로워 항상 갈등과 긴장과 불안을 안고 움직이고 또 움직인다.

'자아'라는 생각이 첫 번째 에고이고, '자아'에 대한 집착이 첫 번째 집착이고, '나/나 아닌 것'이라는 분열이 첫 번째 2분법이다. 그 에고와 집착과 2분법이 고(苦)의 바탕이다.

괴로움의 발생이라는 진리 – 집제(集諦)

"비구들아, 무엇이 괴로움의 발생이라는 성스러운 진리인가?

그것은 갈애(渴愛)이다. 재생(再生)을 초래하고, 희열과 탐욕을 동반하고, 여기저기서 만족을 구하는 것이니, 감각적 욕망에 대한 갈애[欲愛], 생존에 대한 갈애[有愛], 생존하지 않는 것에 대한 갈애[無有愛]이다."

– 『장부(長部)』 22, 「대염처경(大念處經)」

"비구들아, 괴로움의 발생이라는 진리가 있다.

과보를 일으키고, 희열과 탐욕을 동반하고, 모든 것에 집착하는 갈애(渴愛)이다."

– 『율장(律藏)』 「대품(大品)」 6, 초전법륜(初轉法輪)

목이 말라 애타게 물을 찾듯이, 몹시 탐내어 집착하는 갈애의 뿌리는 에고이다.

그럼 왜 갈애가 그치지 않는가?

그것은 갈애가 생존에 유리하다고 여기는 에고의 속성 때문이다. 불안하고 불편하고 두렵고 인정받지 못하는 괴로움을 피하기 위해 많이 가지려고 하지만, 아무리 많이 가져도 그 괴로움이 해소되지 않기 때문에 갈애가 끝없는 것이다.

허나 갈애가 없다고 해서 일을 하지 않는 것도 아니고, 집착하지 않는다고 해서 더불어 살지 않는 것도 아니다. 갈애와 집착에 관계없이, 자신의 의지와 관계없이, 무한한 인연의 안개 속에서 모든 것은 인연 따라 오고 인연 따라 간다. 갈애와 집착은 괴로움의 무더기만 안겨줄 뿐, 삶에 도움이 되는 건 아무것도 없다. 갈애와 집착이 생존에 유리하다는 건 착각이다.

괴로움의 발생은 부정적 생각이 아니라 그 생각에 대한 '집착'이다. 생각은 현실이 아니라 그냥 일어나는 허상일 뿐이다. 어떤 생각에 집착하는 한, 거기에 얽매이고 민감해져 그 생각에 휘둘리게 된다.

갈애가 일어나면 곧바로 알아차리고 한 발짝 물러서서 내려놓기를 반복해야 한다. 갈애가 일어날 때마다 내려놓기를 반복해 나가면 갈애는 점점 약화된다. 그러므로 일어나는 갈애를 알아차리는 것, 이것이 집제(集諦)의 요점이다.

"비구들아, 무엇이 집제(集諦)인가?

무명(無明)으로 말미암아 행(行)이 있고, 행으로 말미암아 식(識)이 있고, 식으로 말미암아 명색(名色)이 있고, 명색으로 말미암아 6처

(處)가 있고, 6처로 말미암아 촉(觸)이 있고, 촉으로 말미암아 수(受)가 있고, 수로 말미암아 애(愛)가 있고, 애로 말미암아 취(取)가 있고, 취로 말미암아 유(有)가 있고, 유로 말미암아 생(生)이 있고, 생으로 말미암아 노사(老死)·우(憂)·비(悲)·고뇌(苦惱)가 일어난다.

이리하여 온갖 괴로움의 무더기가 일어난다.

비구들아, 이것을 집제라고 한다."

- 『증지부(增支部)』 3 : 대품(大品) 61

괴로움의 소멸이라는 진리 - 멸제(滅諦)

'자아'라는 생각과 몸에 대한 집착이 희박해지지 않으면 괴로움은 감소되지 않는다. 이 '자아'라는 생각은 5온(蘊)의 영역에서 일어난다.

"세존이시여, '고(苦)', '고(苦)' 하시는데, 어떤 것을 고라고 합니까?"

"나타(羅陀)야, 몸[色]은 고이고, 느낌[受]은 고이고, 생각[想]은 고이고, 의지[行]는 고이고, 인식[識]은 고이다

나타야, 나의 가르침을 들은 제자들은 이렇게 관찰하여 몸을 싫

어하고 떠나고, 느낌·생각·의지·인식을 싫어하고 떠나 거기에 집착하지 않는다. 집착하지 않으므로 해탈에 이른다."

- 『상응부(相應部)』 23 : 15, 고(苦) (1)

어느 때 붓다께서 사위국 기수급고독원에서 여러 비구들에게 말씀하셨다.

"몸[色]은 무상하다. 무상은 곧 괴로움이고, 괴로움은 '나'가 아니며, '나'가 아니면 '내 것' 또한 아니다. 이렇게 통찰하는 것을 진실하고 바른 통찰이라 한다. 이와 같이 느낌[受]·생각[想]·의지[行]·인식[識]도 무상하다. 무상은 곧 괴로움이고, 괴로움은 '나'가 아니며, '나'가 아니면 '내 것' 또한 아니다. 이렇게 통찰하는 것을 진실하고 바른 통찰이라 한다.

거룩한 제자들아, 이렇게 통찰하는 자는 몸을 싫어하고, 느낌·생각·의지·인식을 싫어하고, 싫어하므로 즐기지 않고 즐기지 않으므로 해탈하게 된다."

- 『잡아함경(雜阿含經)』 제1권 제9경

나타(羅陀) 비구가 붓다에게 여쭈었다.

"세존이시여, 중생이란 어떤 자를 말합니까?"

붓다께서 말씀하셨다.

"몸에 집착하고 얽매이는 자를 중생이라 하고, 느낌·생각·의지·인식에 집착하고 얽매이는 자를 중생이라 한다.

나타야, 몸의 경계는 반드시 허물어 소멸시켜야 하고, 느낌·생각·의지·인식의 경계도 반드시 허물어 소멸시켜야 한다. 그래서 애욕을 끊어 애욕이 다하면 괴로움이 다할 것이니, 괴로움이 다한 사람을 나는 '괴로움의 끝에 이르렀다.'고 한다.

비유하면 마을의 어린이들이 놀이로 흙을 모아 성과 집을 만들어 놓고, 소중히 여기고 집착하여 애욕이 끝이 없고 생각이 끝이 없고 탐닉이 끝이 없어, 늘 아끼고 지키면서 말하기를 '내 성이다, 내 집이다.' 하다가 그 흙더미에 애욕이 다하고 생각이 다하고 탐닉이 다하면 손으로 파헤치고 발로 차서 허물어뜨리는 것과 같다."

- 『잡아함경(雜阿含經)』 제6권 제12경

몸[色]은 모인 물거품

느낌[受]은 물 위의 거품

생각[想]은 봄날의 아지랑이

모든 의지[行]는 파초

모든 인식[識]은 허깨비 같다고
석가족의 존자는 설했네.

두루두루 자세히 사유하고
바르게 알아차리면서 잘 관찰하면
실체도 없고 견고함도 없고
자아도 없고 내 것도 없네.

괴로움의 무더기인 이 몸에 대해
큰 지혜로 분별해서 설하나니
목숨과 온기와 의식이 떠나면
이 몸은 버려질 물건이니라.

그 세 가지가 떠나고
남겨진 몸뚱이는
영영 무덤가에 버려지나니
마치 의식 없는 나무토막 같네.

이 몸은 늘

상처 같고 독가시 같고

견고하지 않거늘

허깨비는 어리석은 사람을 속이니라.

비구야, 부지런히 거듭 수행해

무더기로 이루어진 이 몸을 관찰하고

밤낮으로 항상 오로지 한곳에 집중해

바른 지혜로 알아차리기를 확립하면

온갖 분별 영원히 쉬어

청량한 곳에 이르리라.

– 『잡아함경(雜阿含經)』 제10권 제10경

    인간을 구성하는 몸·느낌·생각·의지·인식, 즉 5온(蘊)은 무상하고 괴로운 무더기다. 그런데 이슬 같고 물거품 같고 아지랑이 같은 5온을 보석으로 착각하니, 거기에 집착할 수밖에 없고 무상과 인연에 저항할 수밖에 없다. 그래서 온갖 불안과 갈등과 긴장과 두려움에서 벗어나지 못한다. 5온에 집착하는 한, 괴로움의 소멸에 이르는 날은 영영 오지 않는다. 5온에 집착한다고 해서 그것이 건강해지는 것도 아니고 오래 유지되는 것도 아니다. 5온은 그냥 인연에 파묻혀 굴러가다가 언젠가 허물어지는 무더기일 뿐이다.

따라서 5온은 집착할 대상이 아니라 알아차리기(ⓟ sati)의 대상이어야 한다. '나 자신'을 5온으로 해체해서 거기에서 매 순간 일어났다가 사라지고 사라졌다가 일어나는 몸-마음의 생멸을 끊임없이 알아차려야 무상을 절감하고, 고가 절실하고, 무아가 드러난다. 그리하여 개체적 자아라는 생각이 희박해져 가고, 몸-마음에 대한 집착이 서서히 떨어져 나가고, 괴로움의 원인인 갈애(渴愛)가 점점 꺼져 청량한 곳으로 나아간다.

이 5온의 무더기를 단지 편의상 '나'라고 지칭하지만, 거기에 독립적으로 존속하는 실체도 없고, 고유한 본질도 없고, 고정된 경계도 없고, 불변하는 틀도 없다. 게다가 '나'와 '나 아닌 것'이라는 경계도 불분명하다. 5온에 독자적인 자아는 없는 것이다. 다만 겹겹이 쌓여 끝없이 펼쳐진 무한한 인연의 그물 속에서 매 순간 생멸을 거듭하는 흐름만 있을 뿐, '나'의 의지로 이룬 것도 해낸 것도 없다. '나'의 의지라는 것도 헤아릴 수 없이 많은 인연에 의해 일어난 하나의 현상일 뿐이다. 어떤 사건이 일어난 건 '나'의 의지와 관계없이 거대한 인연의 그물 가운데 어느 한 점이 찰나에 저절로 흔들린 것에 지나지 않는다.

지금 자신의 삶이 행복하거나 불행하더라도 그건 인연의 흐름이지 자신의 잘잘못으로 그렇게 된 게 아니다. 게다가 행·불행이나 잘잘못은 자신이 만들어낸 관념이지 자연에는 그런 게 없다.

인연의 그물 속에는 자력(自力)도 없고 타력(他力)도 없다. 단지 '서로 의존해서 함께 흘러가는 관계'만 있을 뿐이다. 그러니 이 세상에 혼자 이룰 수 있는 건 아무것도 없다. 뭔가를 해내려면 대상과 주변의 '관계'가 필요한데 그것 없이 혼자 뭘 성취했다는 건 그야말로 에고의 망상이고 착각이다. 게다가 자기 자신조차 인연의 산물이 아닌가. 그러니까 자신의 의지로 살아가는 게 아니라 인연 따라 살게 되는 것이고, 자신의 의지로 선택하는 게 아니라 인연 따라 선택되는 것이다.

과거의 인연도 모르고, 미래의 인연도 모른다. 예를 들어, 땅에 있는 하나의 낙엽만 하더라도 언제 나무의 어디에서 떨어져 어떤 경로를 거쳐 여기에 있는지를 추적한다는 건 불가능하다. 또한 언제 나뭇잎이 떨어져 정확히 어느 지점에 내려앉을지를 예측하는 것도 불가능하다.

무수한 인연이 어떻게 전개될지는 예측 불가능하고, 공기를 벗어나서 살 수 없듯이 매사에 아무리 긴장하고 저항하고 노심초사하고 발버둥 쳐도 인연을 벗어날 수는 없다. 자신에게 주어지는 것, 자신에게 예상 밖의 일이 수없이 일어나도 그게 인연이라는 것이니, 그냥 받아들이지 않고 저항하는 건 그야말로 소용없는 짓이어서, 자신에게 괴로움만 안겨줄 뿐 도움이 되는 건 아무것도 없다.

자신에게 주어지는 인연이 좋은 것이든 나쁜 것이든, 삶에 유리한 것이든 불리한 것이든, 육신을 편하게 하는 것이든 아프게 하는 것이든, 모두 자신에게 꼭 필요한 것이라 여기고 저항 없이 받아들이는 게 인연에 내맡기는 삶이다. 불필요한 인연은 오지 않는 법이다. 그래서 수행자는 나쁜 것, 불리한 것, 아프게 하는 것들을 마음에 급박하게 치유해야 할 중요한 게 있으니 그걸 찾아내 보살피라는 신호로 자각하고 스스로 내관(內觀)한다.

그런데 만사를 인연에 내맡기고 느긋해진다고 해도 단지 잠시일 뿐, 다시 습관적으로 저항이 일어나 불안과 갈등 속으로 들어가는 게 중생의 삶이므로 수행자는 닦고 또 닦을 수밖에 없다.

겹겹이 쌓여 끝없이 펼쳐진 한량없는 인연을 화엄학에서는 '중중무진(重重無盡) 법계연기(法界緣起)'라고 표현한다. 시방 세계의 모든 현상은 각각 독립적인 게 아니라 함께 의존해서 일어나, 걸림 없이 서로가 서로를 받아들이고 서로가 서로에게 끝없이 작용하면서 흘러간다는 관점으로, 그러한 현상을 역동적인 '하나의 거대한 그물의 무더기'로 파악하는 것이다. 이게 불교의 근원적 시각이고 통찰이다.

결과에는 반드시 원인이 있지만, 어떤 결과에 대해 우리가 찾아낸 원인은 그 한량없는 원인 가운데 떼어온 한 조각에 불과하다. 그 결과에 대한 총체적인 원인을 다 찾아낸다는 건 애초에 불가능하다. 어떤 사람이 어떤 곳에 살게 된 원인도 한량없고, 어떤 일을 하게 된 원인도 한량없고, 배우자를 만나게 된 원인도 한량없다.

어떤 결과에 티끌 수보다 많은 원인이 있는데도 불구하고 하나의 원인만 생각하는 건 편견이고 무지이다. 헤아릴 수 없는 그 원인 가운데 하나만 결여되었어도 그 어떤 결과는 나오지 않는다. 헌데 인간은 어떤 결과에 대해 어떤 하나가 원인이라 단정하고 그것을 믿어버린다. 예를 들어 자신에게 어떤 일이 닥치거나 누군가가 어떤 행동을 했을 때, 그 원인이 무엇이라고 지레 짐작하거나 단정해버린다. 그러니까 인간은 사실을 믿는 게 아니라 자신의 생각을 믿고, 자신이 믿고 싶은 것만 믿는다. 이 근거 없는 '믿음'이 자신뿐 아니라 인간관계에서 갈등을 빚어 회한과 증오와 원망을 일으킨다.

　인간은 주어진 정보를 객관적으로 검증해 어떤 결론에 이르는 게 아니라 그 정보를 이용해 자신에게 유리한 방향으로 결론을 내리거나 이미 가지고 있던 결론을 강화하는 쪽으로 강하게 휘어진다. 이러한 왜곡은 에고를 바탕으로 하기 때문에 좀체 붕괴되지 않는다.

　어떤 일이 일어났다면 그것은 인연이었고, 어떤 일이 일어나고 있다면 그것도 인연이고, 앞으로 어떤 일이 일어난다면 그 또한 인연이다. 살다 보면 화창한 날도 있지만, 춥거나 덥고 구름 끼고 바람 불고 비 내리고 천둥도 친다. 오고 가는 인연을 그냥 그대로 받아들이지 않고 저항하는 건 그야말로 소용없는 저항이다. '관계'로 엮어진 인연에 파묻혀 살아가면서 인연에 저항하는 건 공기에 저항하는 것과 같다. 이건 삶에 대한 저항이다.

　한평생 구름 따라 떠돌며
　만사에 무심해 편한 대로 맡겼노라.
　청산에 내 땅 아닌 곳 어디리오.

오늘도 지팡이 짚고 인연 따라 가네.

－『부휴당대사집(浮休堂大師集)』 제4권, 「증경륜선자(贈敬倫禪子)」

흘러가는 인연을 그대로 완전히 받아들이고, 그 인연에 자신을 내맡기는 게 불교의 길이다. 그 인연을 좋다고 잡으려 하고 싫다고 끊으려 한다면, 그게 바로 집착이고 저항이고 갈등이다. 인연은 그냥 주어지는 관계의 연속일 뿐, '좋은 인연/나쁜 인연'으로 분별하는 건 에고의 잣대로 그은 허구의 감정에 지나지 않는다. 이러지도 저러지도 말고 그냥 내버려두면 인연은 뿌리 없이 오고 간다. 매사를 '좋다/싫다'로 갈라놓고 긍정과 부정을 왕복하는 이원적 게임 속에서 자기 생각대로 안 되고 자기 생각과 다르다고 해서 거기에 저항만하면 언제 한번 편히 쉴 수 있겠는가. 그러니 아무런 대책 없이 내맡기고 내려놓는 게 상책이다.

내려놓으려고 해도 내려놓지 못하는 이유는 그 대상을 애지중지하기 때문이다. 자신이 시시하다고 생각하는 것에 집착할 사람은 없다. 집착하는 대상에 환멸을 느껴 거기에 질려버려야 하는데, 그런 날이 오지 않으면 집착이 떨어져 나가지 않는다. 무거운 짐을 들어 팔이 아프면 내려놓으면 그만인데, 미련을 버리지 못하고 고통 속에 살다가 죽을 때가 되어서야 어쩔 수 없이 내려놓는다. 불교는 손을 움켜쥠이 아니라 폄이다. 움켜쥐면 식은땀만 나지만 펼친 손에는 햇볕 내려앉고 바람 지나가고 비 내리고 눈 내린다.

불교는 패션쇼가 아니라 스트립쇼이고, 덧셈이 아니라 뺄셈이고, 상승이 아니라 하강이고, 아무것도 아닌 것으로의 회귀이다. 자신에게 부착된 앎이나 기억을 탕진하고 탕진하여 백치에 이르러, 최하의 인간으로 존재할 수만 있다면 불안하지도 긴장하지도 않을 것이다. 최상은 언젠가는 붕괴하지만 밑바닥이 붕괴하는 일은 없기 때문이다. 살아가는 데 꼭 필요한 최소한의 생각, 최소한의 집착, 최소한의 욕망으로 하강하면서 자신이 점점 더 잃는 듯 느껴지고, 점점 더 바보가 되는 듯하고, 머리가 텅 비는 듯하면, 그것은 에고가 점점 약화되고 있다는 징조이다. 이건 좀 더 채우려 하고, 좀 더 똑똑해지려는 의지와 정반대이다. 잘난 체 하는 데는 용기가 필요 없다. 탐욕만 있으면 된다. 그러나 하심(下心)하는 데는 용기가 필요하다. 왜냐하면 자신의 자존심을 깔아뭉개는 일이기 때문이다.

에고의 죽음, 독립된 개체적 자아라는 생각의 죽음, 여기에서 애욕은 일어나지 않는다. 이것이 곧 괴로움의 소멸이다.

"비구들아, 무엇이 멸제(滅諦)인가?

무명(無明)이 멸하므로 행(行)이 멸하고, 행이 멸하므로 식(識)이 멸하고, 식이 멸하므로 명색(名色)이 멸하고, 명색이 멸하므로 6처(處)가 멸하고, 6처가 멸하므로 촉(觸)이 멸하고, 촉이 멸하므로 수(受)가 멸하고, 수가 멸하므로 애(愛)가 멸하고, 애가 멸하므로 취(取)가 멸하고, 취가 멸하므로 유(有)가 멸하고, 유가 멸하므로 생(生)이 멸하고, 생이 멸하므로 노사(老死)·우(憂)·비(悲)·고뇌(苦惱)가 멸한다.

이리하여 온갖 괴로움의 무더기가 멸한다.

비구들아, 이것을 멸제라고 한다."

– 『증지부(增支部)』 3 : 「대품(大品)」 61

괴로움의 소멸에 이르는 길이라는 진리 – 도제(道諦)

삶과 죽음은 몹시 괴롭지만

진리를 따르면 피안에 이른다.

세상 사람 건지는 8정도(正道)는

온갖 괴로움을 없앤다.

– 『법구경(法句經)』, 「술불품(述佛品)」

"비구들아, 그러면 무엇이 괴로움의 소멸에 길이라는 진리인가?
그것은 바로 8정도이니, 즉 바르게 알기[正見]·바르게 사유하기
[正思惟]·바르게 말하기[正語]·바르게 행하기[正業]·바르게 생활
하기[正命]·바르게 노력하기[正精進]·바르게 알아차리기[正念]·바
르게 집중하기[正定]이다.

비구들아, 그러면 무엇이 바르게 알기[正見]인가?

괴로움[苦]에 대해 아는 것, 괴로움의 발생[集]에 대해 아는 것, 괴
로움의 소멸[滅]에 대해 아는 것, 괴로움의 소멸에 이르는 길[道]
에 대해 아는 것, 이것이 바르게 알기이다.

비구들아, 그러면 무엇이 바르게 사유하기[正思惟]인가?

번뇌의 속박에서 벗어난 사유, 악의가 없는 사유, 남을 해치지 않
는 사유, 이것이 바르게 사유하기이다.

비구들아, 그러면 무엇이 바르게 말하기[正語]인가?

거짓말하지 않고, 이간질하지 않고, 거친 말 하지 않고, 쓸데없는
말을 하지 않는 것, 이것이 바르게 말하기이다.

비구들아, 그러면 무엇이 바르게 행하기[正業]인가?

살생하지 않고, 도둑질하지 않고, 음란한 짓을 하지 않는 것, 이
것이 바르게 행하기이다.

비구들아, 그러면 무엇이 바르게 생활하기[正命]인가?

성스러운 제자는 그릇된 생계를 버리고 바른 생계로 생활한다. 이것이 바르게 생활하기이다.

비구들아, 그러면 무엇이 바르게 노력하기[正精進]인가?

비구가 아직 생기지 않은 악하고 불건전한 것들이 생기지 않도록 의욕을 가지고 부지런히 노력하는 데 마음을 쏟고, 이미 생긴 악하고 불건전한 것들을 끊으려는 의욕을 가지고 부지런히 노력하는 데 마음을 쏟고, 아직 생기지 않은 건전한 것들이 생기도록 의욕을 가지고 부지런히 노력하는 데 마음을 쏟고, 이미 생긴 건전한 것들을 유지하고 늘리고 계발하려는 의욕을 가지고 부지런히 노력하는 데 마음을 쏟는 것, 이것이 바르게 노력하기이다.

비구들아, 그러면 무엇이 바르게 알아차리기[正念]인가?

비구가 몸[身]에서 몸을 관찰하면서 머문다. 세간에 대한 탐욕과 싫어하는 마음을 버리고, 근면하게 분명한 앎과 알아차리기를 지니고 머문다.

느낌[受]에서 느낌을 관찰하면서 머문다. 세간에 대한 탐욕과 싫어하는 마음을 버리고, 근면하게 분명한 앎과 알아차리기를 지니고 머문다.

마음[心]에서 마음을 관찰하면서 머문다. 세간에 대한 탐욕과 싫어하는 마음을 버리고, 근면하게 분명한 앎과 알아차리기를 지니고 머문다.

현상[法]에서 현상을 관찰하면서 머문다. 세간에 대한 탐욕과 싫어하는 마음을 버리고, 근면하게 분명한 앎과 알아차리기를 지니고 머문다. 이것이 바르게 알아차리기이다.

비구들아, 그러면 무엇이 바르게 집중하기[正定]인가?

비구가 애욕과 불건전한 것들을 떠나고, 일으킨 생각과 지속적인 고찰이 있고, (애욕 등을) 떠남으로써 생긴 기쁨과 안락이 있는 초선(初禪)에 들어 머문다.

일으킨 생각과 지속적인 고찰이 가라앉고, 마음이 고요하고 한곳에 집중됨으로써 생긴 기쁨과 안락이 있는 제2선(禪)에 들어 머문다.

기쁨을 버리고 평온에 머물며, 알아차리기와 분명한 앎을 지녀 몸으로 안락을 느낀다. 성자들이 '평온과 알아차리기를 지니고 안락에 머문다.'고 한 제3선(禪)에 들어 머문다.

안락도 버리고 괴로움도 버리며, 이전에 기쁨과 슬픔을 없애버렸으므로 괴롭지도 즐겁지도 않고, 평온과 알아차리기로 청정해진 제4선(禪)에 들어 머문다.

비구들아, 이것이 바르게 집중하기이다."

— 『장부(長部)』 22, 「대염처경(大念處經)」

바르게 알기[正見]는 4제(諦)를 아는 것이다.

바르게 노력하기[正精進]의 내용은 4정근(正勤)이다. 4정근은 열반에 이르기 위해 닦아야 하는 네 가지 바른 노력으로, 아직 생기지 않은 악하고 불건전한 것들이 생기지 않도록 노력하고, 이미 생긴 악하고 불건전한 것들을 끊으려는 노력하고, 아직 생기지 않은 건전한 것들이 생기도록 노력하고, 이미 생긴 건전한 것들을 유지하려고 노력하는 것이다. 여기서 불건전한 것[不善法]은 열반에 이르는데 장애가 되는 탐(貪)·진(瞋)·치(癡) 3독(毒)을 말하고, 건전한 것[善法]은 3독이 감소된 상태를 말한다. 4정근을 4정단(正斷)이라고도 하는데, 이 네 가지 노력으로 나태함과 나쁜 행위를 끊을 수 있기 때문에 단(斷)이라 한다.

바르게 알아차리기[正念]는 4염처(念處)를 닦는 것인데, '몸[身]에서 몸을 관찰하면서'는 매 순간 몸에서 일어나고 사라지는 변화를 놓치지 않고 지속적으로 관찰한다는 뜻이고, '탐욕과 싫어하는 마음을 버리고'는 2분법의 분별을 버린다는 뜻이고, '현상[法]에서 현상을 관찰하면서'는 매 순간 생멸을 거듭하는 5온(蘊)과 12처(處)를 지속적으로 관찰한다는 뜻이다.

바르게 집중하기[正定]는 4선(禪)을 닦는 것인데, 일으킨 생각[尋, ⓟ vitakka]은 집중하는 대상에 대해 일으킨 생각이고, 지속적인 고찰[伺, ⓟ vicāra]은 그 대상에 대한 지속적인 고찰이다.

『잡아함경』제18권 제1경에 염부차(閻浮車)가 사리불에게 여러 가지 질문을 한다.

어떻게 하면 선법(善法)이 자라고, 3독(毒)이 소멸되고, 열반에 이르고, 번뇌가 소멸되고, 아라한에 이르고, 무명(無明)이 소멸되고, 괴로운 생존이 끝나고, 5온(蘊)에 집착하지 않게 되고, 결박에서 벗어나고, 애욕이 소멸되고, 어떻게 하면 평온에 이르게 되는가? 등이다.

각각의 질문에 사리불은 모두 8정도를 닦으라고 대답한다.

이 8정도가 곧 중도(中道)이다.

8정도를 3학(學 : 戒·定·慧)으로 분류하면, 바르게 말하기와 바르게 행하기와 바르게 생활하기는 계(戒)에 해당하고, 바르게 노력하기와 바르게 알아차리기와 바르게 집중하기는 정(定)에, 바르게 알기와 바르게 사유하기는 혜(慧)에 해당한다. 4제는 의사가 환자를 치료하는 방법에 비유할 수 있다.

고제(苦諦) – 괴로움 – 병

집제(集諦) – 괴로움의 발생 – 병의 원인

멸제(滅諦) – 괴로움의 소멸 – 병의 완치

도제(道諦) - 괴로움을 소멸시키는 방법 - 병의 치료법

어느 때 붓다께서 바라내국의 선인(仙人)이 살던 녹야원에서 여러 비구들에게 말씀하셨다.

"네 가지 법을 성취하면 큰 의왕(醫王)이라 하나니, 의왕은 반드시 이 네 가지를 갖추어야 한다. 어떤 것이 네 가지인가?

하나는 병을 잘 아는 것이요, 둘은 병의 근원을 잘 아는 것이요, 셋은 병의 치료법을 잘 아는 것이요, 넷은 병을 치료하고 나서 재발하지 않게 하는 법을 잘 아는 것이다. (…)

여래(如來)·응공(應供)·등정각(等正覺)은 큰 의왕으로서 네 가지 덕을 성취하여 중생들의 병을 치료한다.

어떤 것이 네 가지 덕인가?

여래는 괴로움이라는 성스러운 진리를 진실 그대로 알고, 괴로움의 발생이라는 성스러운 진리를 진실 그대로 알며, 괴로움의 소멸이라는 성스러운 진리를 진실 그대로 알고, 괴로움의 소멸에 이르는 길이라는 성스러운 진리를 있는 그대로 안다.

비구들아, 저 세간의 양의(良醫)는 태어남에 대한 근본 치료법을 진실 그대로 알지 못하고, 늙음·병듦·죽음·근심·슬픔·고뇌에 대한 근본 치료법을 진실 그대로 알지 못한다.

그러나 여래·응공·등정각은 큰 의왕으로서 태어남의 근원을 진실
그대로 알아 치료할 줄 알고, 늙음·병듦·죽음·근심·슬픔·고뇌의
근원을 진실 그대로 알아 치료할 줄 안다. 그래서 여래·응공·등정
각을 큰 의왕이라 한다."

— 『잡아함경(雜阿含經)』 제15권 제25경

고가 일어나고 소멸하는
열두 과정,

12연기(緣起)

그때 세존께서 우루벨라 마을 네란자라 강변의 보리수 아래서 비로소 깨달음을 성취하시고, 한번 가부좌하신 채 7일 동안 삼매에 잠겨 해탈의 즐거움을 누리고 계셨다.

그러던 중 초저녁에 연기(緣起)를 일어나는 대로 그리고 소멸하는 대로 명료하게 사유하셨다.

'무명(無明)으로 말미암아 행(行)이 있고, 행으로 말미암아 식(識)이 있고, 식으로 말미암아 명색(名色)이 있고, 명색으로 말미암아 6처(處)가 있고, 6처로 말미암아 촉(觸)이 있고, 촉으로 말미암아 수(受)가 있고, 수로 말미암아 애(愛)가 있고, 애로 말미암아 취(取)가 있고, 취로 말미암아 유(有)가 있고, 유로 말미암아 생(生)이 있고, 생으로 말미암아 노사(老死)·우(憂)·비(悲)·고뇌(苦惱)가 생긴다.

이리하여 모든 괴로움의 무더기가 생긴다.

무명(無明)이 멸하므로 행(行)이 멸하고, 행이 멸하므로 식(識)이 멸하고, 식이 멸하므로 명색(名色)이 멸하고, 명색이 멸하므로 6처(處)가 멸하고, 6처가 멸하므로 촉(觸)이 멸하고, 촉이 멸하므로 수(受)가 멸하고, 수가 멸하므로 애(愛)가 멸하고, 애가 멸하므로 취(取)가 멸하고, 취가 멸하므로 유(有)가 멸하고, 유가 멸하므로 생(生)이 멸하고, 생이 멸하므로 노사(老死)·우(憂)·비(悲)·고뇌(苦惱)가 멸한다.

이리하여 모든 괴로움의 무더기가 멸한다.'

– 『율장(律藏)』「대품(大品)」 1, 보리수하연(菩提樹下緣)

세존께서 말씀하셨다.

"어떤 것이 인연법(因緣法)인가? 무명(無明)으로 말미암아 행(行)이 있고, 행으로 말미암아 식(識)이 있고, 식으로 말미암아 명색(名色)이 있고, 명색으로 말미암아 6입(入)이 있고, 6입으로 말미암아 촉(觸)이 있고, 촉으로 말미암아 수(受)가 있고, 수로 말미암아 애(愛)가 있고, 애로 말미암아 취(取)가 있고, 취로 말미암아 유(有)가 있고, 유로 말미암아 생(生)이 있고, 생으로 말미암아 사(死)가 있고, 사로 말미암아 우(憂)·비(悲)·고뇌(苦惱)가 헤아릴 수 없다.

이리하여 5음(陰)이 이루어진다.

어떤 것이 무명(無明)인가?

괴로움을 알지 못하고, 괴로움의 발생을 알지 못하고, 괴로움의 소멸을 알지 못하고, 괴로움의 소멸에 이르는 길을 알지 못하는 것이다.

어떤 것이 행(行)인가?

행에 세 가지가 있으니, 신행(身行)·구행(口行)·의행(意行)이다.

어떤 것이 식(識)인가?

6식(識)이니, 안식(眼識)·이식(耳識)·비식(鼻識)·설식(舌識)·신식(身識)·의식(意識)이다.

어떤 것이 명(名)인가?

수(受)·상(想)·행(行)·식(識)이다.

어떤 것이 색(色)인가?

4대(大)와 그것에서 파생된 것이다. 명과 색이 다르므로 명색(名色)이라 한다.

어떤 것이 6입(入)인가?

안의 6입이니, 안입(眼入)·이입(耳入)·비입(鼻入)·설입(舌入)·신입

(身入)·의입(意入)이다.

어떤 것이 촉(觸)인가?

여섯 가지 접촉이니, 안(眼)·이(耳)·비(鼻)·설(舌)·신(身)·의(意)의 접촉이다.

어떤 것이 수(受)인가?

여기에 세 가지가 있으니, 낙(樂)·고(苦)·불고불락(不苦不樂)의 느낌이다.

어떤 것이 애(愛)인가?

3애(愛)이니, 욕애(欲愛)·유애(有愛)·무유애(無有愛)이다.

어떤 것이 취(取)인가?

4취(取)이니, 욕취(欲取)·견취(見取)·계취(戒取)·아취(我取)이다.

어떤 것이 유(有)인가?

3유(有)이니, 욕유(欲有)·색유(色有)·무색유(無色有)이다.

어떤 것이 생(生)인가?

태어나 여러 생존을 받아 5음(陰)을 이루고 여러 기관을 갖추는 것이다.

어떤 것이 노(老)인가?

중생들의 몸에서 이가 빠지고 백발이 되며, 기력이 쇠하고 여러 기관이 문드러지며, 수명이 날로 줄고 본래의 정신이 없어지는 것이다.

어떤 것이 사(死)인가?

중생들의 몸이 바뀌는 것이니, 몸의 온기가 없어지고 덧없이 변하여 가까이했던 다섯 가지가 각각 흩어져 5음(陰)을 버리고 목숨이 끊어지는 것이다."

- 『증일아함경(增一阿含經)』 제46권 제5경

12연기는 괴로움이 어떻게 발생하고 소멸하는가를 밝힌 열두 과정이다.

① 무명(無明)은 4제(諦)를 알지 못하는 것이고,

② 행(行)은 무명으로 일으키는 의지·충동력·의욕으로, 여기에 몸과 말과 뜻으로 짓는 신행(身行)·구행(口行)·의행(意行)이 있다.

③ 식(識)은 식별하는 마음 작용으로, 시각 기관으로 시각 대상을 식별하는 안식(眼識), 청각 기관으로 청각 대상을 식별하는 이식(耳識), 후각 기관으로 후각 대상을 식별하는 비식(鼻識), 미각 기관으로 미각 대상을 식별하는 설식(舌識), 촉각 기관으로 촉각 대상을 식별하는 신식(身識), 의식 기능으로 의식 내용을 식별하고 인식하는 의식(意識)의 6식(識)이다.

④ 명색(名色)에서 명(名)은 느낌[受]·생각[想]·의지[行]·인식[識]의 작용이고, 색(色)은 4대(大)와 그것에서 파생된 것이다. 4대는 몸의 접촉으로 느끼는 네 가지 특성, 즉 지(地, 견고함)·수(水, 축축함)·화(火, 뜨거움)·풍(風, 움직임)을 말한다. 명색은 곧 5온(蘊)의 작용이다.

⑤ 6입(入)은 6처(處)·6내처(內處)·6내입처(內入處)라고도 한다. 대상을 감각하거나 의식하는 눈·귀·코·혀·몸·의식 기능의 6근(根), 또는 그 작용을 말한다. 이에 반해, 6근에 들어오는 대상, 즉 형상·소리·냄새·맛·감촉·의식 내용의 6경(境)을 6외처(外處)·6외입처(外入處)라고 한다. 그리고 6처와 6외처를 12처(處)라고 한다.

⑥ 촉(觸)은 6근(根)의 접촉이고,

⑦ 수(受)는 즐거운 느낌, 괴로운 느낌, 무덤덤한 느낌이다.

⑧ 애(愛)는 괴로움의 원인인 갈애(渴愛)를 세 가지로 나눈 것으로, 감각적 쾌락을 탐하는 욕애(欲愛), 생존에 애착하는 유애(有愛), 생존하고 싶지 않은 무유애(無有愛)를 말한다.

⑨ 취(取)는 번뇌를 뜻한다. 욕취(欲取)는 욕계(欲界)의 번뇌로, 탐(貪)·진(瞋)·만(慢)·무명(無明) 등을 말하고, 견취(見取)는 몸에 불변하는 자아가 있다는 그릇된 견해와 극단으로 치우친 견해

등을 말한다. 그리고 계취(戒取)는 계율이나 금기에 대한 집착, 아취(我取)는 자아에 집착하는 번뇌를 말한다.

⑩ 유(有)는 중생의 생존 상태로, 욕유(欲有)는 탐욕이 들끓는 생존, 색유(色有)는 탐욕에서는 벗어났으나 아직 형상에 얽매여 있는 생존, 무색유(無色有)는 형상의 속박에서 완전히 벗어난 생존이다.

⑪ 생(生)은 태어나는 괴로움이고,

⑫ 노사(老死)는 늙고 죽는 괴로움이다.

이 12연기(緣起)를 '무명(無明)으로 말미암아 행(行)이 있고, 행으로 말미암아 식(識)이 있고……'라고 통찰하는 것을 유전문(流轉門: 順觀)이라 하고, '무명이 멸하므로 행이 멸하고, 행이 멸하므로 식이 멸하고……'라고 통찰하는 것을 환멸문(還滅門: 逆觀)이라 하는데, 유전문은 4제(諦) 가운데 집제(集諦)에 속하고, 환멸문은 멸제(滅諦)에 속한다.

"비구들아, 무엇이 집제(集諦)인가?

무명(無明)으로 말미암아 행(行)이 있고, 행으로 말미암아 식(識)이 있고, 식으로 말미암아 명색(名色)이 있고, 명색으로 말미암아 6처(處)가 있고, 6처로 말미암아 촉(觸)이 있고, 촉으로 말미암아 수(受)가 있고, 수로 말미암아 애(愛)가 있고, 애로 말미암아 취(取)가 있고, 취로 말미암아 유(有)가 있고, 유로 말미암아 생(生)이 있고, 생으로 말미암아 노사(老死)·우(憂)·비(悲)·고뇌(苦惱)가 일어난다.

이리하여 온갖 괴로움의 무더기가 일어난다.

비구들아, 이것을 집제라고 한다.

비구들아, 무엇이 멸제(滅諦)인가?

무명(無明)이 멸하므로 행(行)이 멸하고, 행이 멸하므로 식(識)이 멸하고, 식이 멸하므로 명색(名色)이 멸하고, 명색이 멸하므로 6처(處)가 멸하고, 6처가 멸하므로 촉(觸)이 멸하고, 촉이 멸하므로 수(受)가 멸하고, 수가 멸하므로 애(愛)가 멸하고, 애가 멸하므로 취(取)가 멸하고, 취가 멸하므로 유(有)가 멸하고, 유가 멸하므로 생(生)이 멸하고, 생이 멸하므로 노사(老死)·우(憂)·비(悲)·고뇌(苦惱)가 멸한다.

이리하여 온갖 괴로움의 무더기가 멸한다.

비구들아, 이것을 멸제라고 한다."

- 『증지부(增支部)』 3 : 대품(大品) 61

그때 어떤 비구가 붓다에게 와서 발에 머리를 대는 예를 표한 뒤 한쪽에 물러나 앉아 여쭈었다.

"세존이시여, 연기법(緣起法)은 세존께서 만든 것입니까, 아니면 다른 사람이 만든 것입니까?"

"연기법은 내가 만든 것도 아니고 다른 사람이 만든 것도 아니다. 그것은 여래가 세상에 출현하든 안 하든 항상 법계(法界)에 있다. 여래는 이것을 스스로 깨달아 등정각(等正覺)을 이룬 뒤 여러 중생들을 위해 분별해서 설하고 드러내 보인다.

이것이 있으므로 저것이 있고, 이것이 일어나므로 저것이 일어난다는 것이니, 무명(無明)으로 말미암아 행(行)이 있고, (…) 큰 괴로움의 무더기가 일어나고, 무명이 멸하므로 행이 멸하고, (…) 큰 괴로움의 무더기가 멸한다."

– 『잡아함경(雜阿含經)』 제12권 제17경

모든 것은
끊임없이 변해간다,

무상(無常)

"세존이시여, 자주 '무상', '무상' 하시는데, 무엇을 무상이라 합니까?"

"나타(羅陀)야, 우리의 몸[色]은 변한다. 우리의 느낌[受]은 변한다. 우리의 생각[想]은 변한다. 우리의 의지[行]는 변한다. 우리의 인식[識]은 변한다.

나타야, 이같이 관찰하여 일체를 떠나라. 일체를 떠나면 탐욕은 없어지고, 탐욕이 없어지면 해탈할 수 있다. 해탈한 그때, 미혹된 삶은 끝난다."

- 『상응부(相應部)』 23 : 13, 무상(無常) (1)

어느 때 붓다께서 사위국 기수급고독원에서 여러 비구들에게 말씀하셨다.

"몸은 무상하다. 무상은 곧 괴로움이고, 괴로움은 '나'가 아니며, '나'가 아니면 '내 것' 또한 아니다. 이렇게 통찰하는 것을 진실하고 바른 통찰이라 한다. 이와 같이 느낌·생각·의지·인식도 무상하다. 무상은 곧 괴로움이고, 괴로움은 '나'가 아니며, '나'가 아니면 '내 것' 또한 아니다. 이렇게 통찰하는 것을 진실하고 바른 통찰이라 한다.

거룩한 제자들아, 이렇게 통찰하는 자는 몸을 싫어하고, 느낌·생각·의지·인식을 싫어하고, 싫어하므로 즐기지 않고 즐기지 않으므로 해탈하게 된다."

– 『잡아함경(雜阿含經)』 제1권 제9경

안팎에서 일어났다가 사라지고 사라졌다가 일어나는 모든 현상의 생멸을 끊임없이 알아차리고, 그 현상이 모두 무상(無常)·고(苦)·무아(無我)라고 통찰하는 게 명상이다.

모든 현상은 매 순간 서로서로 생멸을 끝없이 교차한다. 붓다가 "들숨과 날숨 속에서 죽음에 대해 사유한다면 곧바로 생로병사와 근심·걱정과 고뇌에서 벗어날 것이다."(『증일아함경』

제35권 제2경)라고 했듯이, 호흡할 때 들숨을 생(生), 날숨을 멸(滅)이라 관찰하여 들숨과 날숨 속에서 생멸을 계속 관찰해 나가면 모든 현상의 생멸이 점점 분명하게 보인다.

이 과정에서 생멸하는 현상을 있는 그대로 보아야지, 거기에 자신의 선입견이나 감정 등이 개입되면 안 된다. 그렇게 개입되면 그 현상을 채색하여 왜곡할 뿐 아니라 내가 무너지고, 무너지는 현상이 내 안에 있고, 무너지는 내가 있다는 생각 때문에 무상 속으로 들어가지 못하고 바깥에서 서성이게 된다. 무상 속으로 들어가 무상에 자신을 내맡겨 버려야지, 그러지 않고 저항하면 불안과 갈등과 두려움 속에 빠지게 된다.

삶을 대단한 것으로 여기면 여길수록 탐욕과 집착이 강하게 일어난다. 허나 지리산의 철쭉 꽃잎 하나 시드나마나, 남산의 솔잎 하나 떨어지나마나, 태평양의 멸치 한 마리 죽으나마나, 밤하늘에 별 하나 소멸하나마나, 서울에 나 하나 있으나마나, 그렇고 그런 거지 대단할 게 전혀 없다. 그냥 풀처럼 살면서 반성하지 않고 뒤돌아보지 않고, 앞날에 대한 일은 인연에 몽땅 내맡겨 버리고, '지금 여기'에 마냥 주저앉는 게 상책이다.

생멸은 자신의 의지와 관계없이 인연 따라 저절로 생기고 저절로 없어진다. 이 무상에 저항하고 무상한 현상에 집착하면 불안과 두려움에 갇히게 된다. 생물은 무상하기 때문에 죽지만 무상하기 때문에 태어난다. 무상을 그대로 수용하고 거기에 자신을 내맡겨, 모든 현상의 진행을 무상·고·무아로 보는 게 불교의 길이다.

중생의 1차적인 집착은 자신의 '몸-마음'이다. 이 몸-마음을 5온(蘊), 즉 몸[色]·느낌[受]·생각[想]·의지[行]·인식[識]으로 해체해서, 거기서 무상·고·무아를 꿰뚫어 보아야 몸-마음에 대한 집착이 희박해져 간다. 그래서 무상·고·무아를 불교의 세 가지 특징, 즉 3법인(法印)이라 한다.

마음속에서 끝없이 일어나는 생각을 일어나지 못하게 할 수는 없다. 생각을 저지하려고 하면 할수록 생각은 더욱 강하게 떠오른다. 좋은 생각이든 나쁜 생각이든 어떤 생각이 일어나더라도 곧바로 그것이 무상하다고 알아차리는 게 그 생각에 휘둘리지 않는 길이다.

저절로 일어났다가 사라지고, 저절로 오고 가는 생각에 일일이 반응하지 않고 그냥 지켜보기만 하는 것, 그뿐이다.

에고와
경계가 소멸된

무아(無我)

"비구들아, 갠지스 강의 물결을 보아라. 잘 살펴보면 거기에는 실체도 없고 본질도 없다.
비구들아, 어떻게 물결에 실체와 본질이 있겠는가.

몸[色]은 물결
느낌[受]은 물거품
생각[想]은 아지랑이
의지[行]는 파초
인식[識]은 허깨비.

이것이 세존의 가르침이다."

- 『상응부(相應部)』 22 : 95 포말(泡沫)

몸-마음을 구성하는 일시적인 5온(蘊)의 무더기를 '나'라고
지칭하는데, 그 '나'에 대한 집착이 괴로움의 시작이다. 그 '나'
에 독자적으로 존속하는 실체도 없고, 고유한 본질이 없는데도
그것을 독립된 '개체적 자아'로 여겨 집착하지만, '나'는 찰나
에 저절로 일어났다가 사라지는 생각의 흐름에 지나지 않는다.
'나'에 대한 집착이 개체 보존을 위해 즉각적으로 일어나지만,
그 집착은 괴로움과 불안만 가중시킬 뿐, 생존에 도움이 되는
건 아무것도 없다. 그 '나'에 아무리 집착하더라도 그것이 오래
보존되는 것도 아니고, 5온은 자신의 의지와 관계없이 인연 따
라 유지되다가 인연 따라 흩어진다. 몸의 아픔도 인연 따라 생
기고, 인연 따라 생긴 건 인연 따라 사라진다.

'나'가 임시로 붙인 이름임을 알면 적멸(寂滅)을 얻고, 적멸을 얻
으면 아누다라삼먁삼보리(阿耨多羅三藐三菩提)를 얻는다.

- 『금강삼매경(金剛三昧經)』「여래장품(如來藏品)」

그때 세존이 보안보살(普眼菩薩)에게 말씀하셨다.

"선남자야, 새로 배우는 보살과 말세의 중생들이 여래의 청정한 원각(圓覺)의 마음을 구하려면 바르게 알아차려서 모든 허깨비를 멀리 떠나야 한다.

먼저 여래의 사마타(奢摩他) 수행에 의지하고, 계율을 굳게 지니고, 대중과 함께 편안히 거처하고, 조용한 방에 단정히 앉아서 항상 이렇게 생각해야 한다.

'지금 나의 이 몸은 4대(大)가 화합한 것이니, 머리카락·털·손발톱·이빨·살갗·살·힘줄·뼈·골수·뇌·더러운 형상은 다 땅[地]으로 돌아가고, 침·콧물·고름·피·진액·가래·땀·눈물·정기·대소변은 다 물[水]로 돌아가고, 따뜻한 기운은 불[火]로 돌아가고, 움직이는 기운은 바람[風]으로 돌아간다. 4대가 제각기 흩어지면 지금의 허망한 몸은 어디에 있겠는가.'

이 몸은 끝내 실체가 없고 화합해서 형상이 이루어진 것으로 실은 허깨비나 요술 같은 줄 알게 되리라.

네 가지 인연이 임시로 화합해서 허망하게도 6근(根)이 있게 되고, 6근과 4대가 합쳐 안팎을 이룬 뒤에 허망하게도 인연의 기운이 중간에 쌓여 인연의 모습이 있는 듯하게 되니, 이것을 임시로 마음이라 한다.

선남자야, 이 허망한 마음은 6진(塵)이 없다면 있을 수 없고, 4대 가 흩어지면 대상이 있을 수 없고, 그 중간에 인연과 대상이 제각 기 흩어져 멸하면 마음도 끝내 없다."

– 『원각경(圓覺經)』 「보안보살장(普眼菩薩章)」

무아(無我)는 독립된 '개체적 자아'라는 생각이 소멸되고, 에 고가 죽고, '나/나 아닌 것'의 2분법이 허물어져 온갖 분별이 끊어진 상태이다. 모든 현상은 한량없는 인연과 더불어 일어 나고 한량없는 인연 따라 소멸하므로 고정된 경계도 없고 틀 도 없다. 다만 인연의 기운에 따라 나타났다가 사라지고, 모였 다가 흩어질 뿐이다. 따라서 인간의 모든 행위는 그 기운에 따 라 잠시 흔들린 것에 지나지 않는다. 살아간다는 것 자체가 자 신의 의지로 전개되는 게 아니라 인연에 파묻혀 흘러가는 것이 다. 어떤 현상도 인연 밖의 현상일 수는 없다. 모든 현상은 인 연에 의해 생겨서 인연과 더불어 머물다가 인연에 의해 소멸해 가므로 독자적인 어떤 현상이란 있을 수 없는 것이다.

흔히 피부 안쪽을 '나'라 하고, 피부 바깥쪽을 '나 아닌 것' 이라 하지만, 그 경계선은 자신이 긋기 나름이다. 밥상에 있는 밥과 국과 반찬을 '나'라고 하지 않지만 그것을 먹으면 '나'가 되어버린다. 공기 없이는 살 수 없는데, 그 공기는 '나'인가 아닌가? 들숨은 '나'이고 날숨은 '나' 아닌가? 게다가 삼라만상이 바로 '나'이고, 마음은 피부 안쪽에 있는 게 아니라 삼라만상이 바로 마음이라고 자각할 수도 있지 않은가.

무아(無我)의 상태에서는 행위자는 없고 행위만 있다. 자아가 소멸되어버렸기 때문에 걸어가지만 걸어가는 자는 없고 걸어가는 행위만 있고, 밥을 먹지만 밥을 먹는 자는 없고 밥을 먹는 행위만 있고, 살아가지만 살아가는 자는 없고 살아가는 행위만 있다. 비유하면, 아이가 놀이에 빠져 있는 동안 놀이하는 자는 없고 놀이만 있고, 영화 관람에 몰입해 있는 동안 관람자는 없고 관람만 있고, 독서삼매에 빠져 있는 동안 독서하는 자는 없고 독서만 있는 것과 같다.

개체적 자아라는 생각을 안고 있는 한 결코 안정에 이를 수 없다. 어디에 집착한다는 건 거기에 속박되었다는 뜻이니, 개체적 자아라는 생각의 소멸로 집착이 떨어져 나가버린 게 해탈이다.

무아에 대한 붓다의 가르침은 '자아'를 없애라는 게 아니라 애당초 '자아'는 있지도 않았다는 것이다.

온갖 분별이
끊어진

공(空)

붓다께서 사리불에게 말씀하셨다.

"사리불아, 보살마하살이 내공(內空)·외공(外空)·내외공(內外空)·

공공(空空)·대공(大空)·제일의공(第一義空)·유위공(有爲空)·무위공

(無爲空)·필경공(畢竟空)·무시공(無始空)·산공(散空)·성공(性空)·자

상공(自相空)·제법공(諸法空)·불가득공(不可得空)·무법공(無法空)·

유법공(有法空)·무법유법공(無法有法空)에 머물려면 반드시 반야바

라밀(般若波羅蜜)을 배워야 한다."

– 『마하반야바라밀경(摩訶般若波羅蜜經)』 제1권, 서품(序品)

만약 붓다께서 하나의 공(空)만 설하면 갖가지 그릇된 견해와 온갖 번뇌를 깨뜨릴 수 없게 되고, 갖가지 견해에 따라 공을 설하면 공이 너무 많아 사람들이 공에 애착하여 전혀 없다는 데에 떨어질 것이므로 18공(空)을 설하여 바르게 중도(中道)를 얻게 하셨다.

– 『대지도론(大智度論)』 제31권

공(空)의 뜻은 크게 두 가지로 나눌 수 있다.

① 모든 현상은 여러 가지 조건으로 형성되어 매 순간 생멸을 거듭하므로 거기에 불변하는 실체도 없고, 고정된 경계나 틀도 없다는 뜻이다. 모든 현상은 무수한 원인과 조건들이 서로 의존해서 발생한 결과이므로 그 현상에는 고유한 본성이나 실체가 있을 수 없다.

② 모든 현상에 대한 '좋다/나쁘다', '아름답다/추하다', '있다/없다' 등의 분별이 끊어진 무분별의 상태이다. 2분법의 분별이 끊어진 무분별의 상태에서는 대상을 있는 그대로 직관하게 된다. 이런 상태를 열반(涅槃)·무위(無爲)라고도 한다.

공(空)의 지혜를 주제로 한 반야부(般若部) 경전들은 40여 종, 총 780권 정도의 방대한 분량이다. 이 경전들은 기원 전후에 성립되기 시작하여 4세기경에 지금의 체계를 갖추었는데, 그 경전들의 핵심을 간략하게 요약한 경이 『반야심경(般若心經)』이다.

　이 『반야심경』은 공(空)에 입각해서 불(不)과 무(無) 자를 반복 사용하며, 온갖 분별이 끊어져 어디에도 집착하지 않는 지혜의 완성을 설한 경이다. 즉, 무분별(無分別)의 중도(中道)에서 설한 '깨달음의 찬가'이다.

관자재보살 행심반야바라밀다시 조견오온개공 도일체고액
觀自在菩薩 行深般若波羅蜜多時 照見五蘊皆空 度一切苦厄

사리자 색불이공 공불이색 색즉시공 공즉시색 수상행식
舍利子 色不異空 空不異色 色即是空 空即是色 受想行識

역부여시 사리자 시제법공상 불생불멸 불구부정 부증불감
亦復如是 舍利子 是諸法空相 不生不滅 不垢不淨 不增不減

시고공중무색 무수상행식 무안이비설신의 무색성향미촉법
是故空中無色 無受想行識 無眼耳鼻舌身意 無色聲香味觸法

무안계 내지무의식계 무무명 역무무명진 내지무노사
無眼界 乃至無意識界 無無明 亦無無明盡 乃至無老死

역무노사진 무고집멸도 (…)
亦無老死盡 無苦集滅道

관자재보살이 깊은 반야바라밀다(般若波羅蜜多)를 행할 때, 5온(蘊)이 모두 공(空)함을 꿰뚫어 보고 모든 괴로움에서 벗어났다.

사리자야, 색(色)이 공(空)과 다르지 않고 공이 색과 다르지 않고, 색이 곧 공이고 공이 곧 색이다. 수(受)·상(想)·행(行)·식(識)도 그러하다.

사리자야, 이런 것들이 공의 상태이므로 생기지도 않고 소멸하지도 않고, 더럽지도 않고 깨끗하지도 않고, 늘지도 않고 줄지도 않는다.

그러므로 공에는 색도 없고 수·상·행·식도 없고, 안(眼)·이(耳)·비(鼻)·설(舌)·신(身)·의(意)도 없고, 색(色)·성(聲)·향(香)·미(味)·촉(觸)·법(法)도 없고, 안계(眼界)도 없고 내지 의식계(意識界)도 없고, 무명(無明)도 없고 무명의 소멸도 없고 내지 노사(老死)도 없고 노사의 소멸도 없고, 고(苦)·집(集)·멸(滅)·도(道)도 없다. (…)

이 경에서 가장 중요한 구절은 '조견오온개공(照見五蘊皆空)' ⓐ이다. 왜냐하면 이 구절은 다음에 나오는 '도일체고액(度一切苦厄)'ⓑ의 원인이고, 그 다음에 분별이 끊어진 상태를 나타내는 구절들이 계속 이어져 나오는 원인이 되기 때문이다.

5온(蘊)은 온갖 분별과 집착과 고(苦)를 일으키는 근원이다. '조견오온개공(照見五蘊皆空)', 즉 '5온(蘊)이 모두 공(空)함을 꿰뚫어 보고'는 '온갖 분별과 집착과 고(苦)를 잇달아 일으키는 5온의 작용이 끊어진 상태를 꿰뚫어 보고'라는 뜻이다. 자신의 청정한 성품을 꿰뚫어 보고 견성(見性)한다고 하듯이, 5온의 작용이 소멸된 상태를 간파하여 무분별의 상태에 이르렀다는 뜻이다. 즉, 온갖 번뇌가 떨어져 나가버렸으므로 모든 괴로움에서 벗어났고, 무분별의 상태에 이르렀으므로 '색불이공 공불이색 색즉시공 공즉시색 수상행식 역부여시(色不異空 空不異色 色即是空 空即是色 受想行識 亦復如是)'ⓒ이다.

5온이 공의 상태이므로 온갖 분별이 붕괴되어 '불생불멸 불구부정 부증불감(不生不滅 不垢不淨 不增不減)'ⓓ일 수밖에 없고, 그러므로 공에는 5온(蘊)도 없고, 5근(根)도 없고, 5경(境)도 없고, 18계(界)도 없고, 12연기(緣起)도 없고, 4제(諦)도 없다.

위의 내용을 간추리면, ⓐ하여 ⓑ했고, ⓐ이므로 ⓒ이다. ⓐ이고 ⓒ이므로 ⓓ이고, 그러므로 5온도 없고 … 4제도 없다. 그러니까 ⓐ를 시작으로 해서 온갖 분별과 집착이 허물어진 무분별의 지혜를 설했다.

분별이 끊어진 이러한 공의 상태를 『중론(中論)』에는 '생기지도 않고 소멸하지도 않고, 영원하지도 않고 단절되지도 않고, 같지도 않고 다르지도 않고, 오지도 않고 가지도 않는다.[不生亦不滅 不常亦不斷 不一亦不異 不來亦不出]'라고 표현했다.

열반으로 가는
세 가지 수행,

3학(學)

열반에 이르기 위해 반드시 닦아야 할 세 가지 수행으로, 계학
(戒學)·정학(定學)·혜학(慧學)이 있다.

어느 때 붓다께서 사위국 기수급고독원에서 여러 비구들에게 말
씀하셨다.
"비구들아, 3학(學)이 있다. 어떤 것이 세 가지인가?
뛰어난 계학(戒學), 뛰어난 정학(定學), 뛰어난 혜학(慧學)이다.
어떤 것이 뛰어난 계학인가?
만약 비구가 바라제목차(波羅提木叉)에 머물러 규율에 맞는 몸가짐

과 행위를 원만하게 갖추고 가벼운 죄를 보아도 두려운 마음을 내어 계를 지니면, 이것을 뛰어난 계학이라 한다.

어떤 것이 뛰어난 정학인가?

만약 비구가 온갖 악하고 불건전한 것들을 여의고, 일으킨 생각과 지속적인 고찰이 있고, 온갖 악하고 불건전한 것들을 여읜 데서 생긴 기쁨과 안락이 있는 초선(初禪)에 원만하게 머물고 (…) 제4선(禪)에 원만하게 머물면, 이것을 뛰어난 정학이라 한다.

어떤 것이 뛰어난 혜학인가?

만약 비구가 괴로움이라는 성스러운 진리를 진실 그대로 알고, 괴로움의 발생이라는 성스러운 진리, 괴로움의 소멸이라는 성스러운 진리, 괴로움의 소멸에 이르는 길이라는 성스러운 진리를 진실 그대로 알면, 이것을 뛰어난 혜학이라 한다."

– 『잡아함경(雜阿含經)』 제30권 제3경

3학(學)은 불교를 세 가지로 요약한 것으로, 이 3학을 풀어놓으면 8정도(正道)이고, 8정도를 간추리면 3학이다.

계(戒)는 8정도의 바르게 말하기[正語] · 바르게 행하기[正業] · 바르게 생활하기[正命]이고, 정(定)은 바르게 노력하기[正精進] · 바르게 알아차리기[正念] · 바르게 집중하기[正定]이며, 혜(慧)는 바르게 알기[正見]·바르게 사유하기[正思惟]이다.

3학(學)에서 첫 번째가 계학(戒學)이고, 보살의 수행 가운데 가장 중요한 6바라밀(波羅蜜)에서 두 번째가 지계바라밀(持戒波羅蜜)이듯이, 불교의 수행은 계율을 바탕으로 하고, 계율은 해탈의 근본이다.

계율은 불교에 귀의한 자가 악을 막고 선을 쌓기 위해 지켜야 할 규율·규정을 말한다. 계(戒, Ⓢ śīla Ⓟ sīla)는 행위·몸가짐을 뜻하고, 율(律, ⓈⓅ vinaya)은 규율·규정을 뜻하지만 보통 계율(戒律)이라고 복합어로 사용한다.

계(戒)는 율장(律藏 : 계율을 기록한 문헌)에 있는 낱낱의 조항을 가리키고, 그 낱낱 조항의 전체를 바라제목차(波羅提木叉)라고 한다. 율장의 내용을 크게 나누면 ① 비구·비구니의 어떤 행위를 금지한 조문(條文)을 열거한 바라제목차와, 금지한 유래와 또 범했을 때에 죄의 가벼움과 무거움을 상세히 설한 부분, ② 교단의 의식·생활·예의 등의 여러 규범을 설한 장(章)이다.

바라제목차(波羅提木叉)는 Ⓢ prātimokṣa Ⓟ pātimokkha의 음사이고, '별해탈(別解脫)'이라 번역한다. 불살생계(不殺生戒)를 지켜 살생에서 벗어나고, 불망어계(不妄語戒)를 지켜 거짓말에서 벗어나는 것처럼, 계(戒)를 지켜 거기서 벗어난다는 뜻이다.

따라서 계를 간직한 삶은 청정하여 허물이 없고, 계를 지키는 그 자체가 해탈로 가는 수행이다.

계율에는 5계(戒)·10계(戒)·구족계(具足戒)·10선계(善戒)·3취정계(三聚淨戒) 등이 있다.

5계(戒)

재가자(在家者)가 지켜야 할 다섯 가지 계율이다.

① 불살생계(不殺生戒) : 살아 있는 것을 죽이지 마라. ② 불투도계(不偸盜戒) : 훔치지 마라. ③ 불사음계(不邪婬戒) : 음란한 짓을 하지 마라. ④ 불망어계(不妄語戒) : 거짓말하지 마라. ⑤ 불음주계(不飮酒戒) : 술 마시지 마라.

10계(戒)

사미(沙彌)와 사미니(沙彌尼)가 지켜야 할 열 가지 계율이다. 사미는 출가하여 10계(戒)를 받고 구족계를 받기 전의 남성 출가자를 말하고, 사미니는 출가하여 10계를 받고 구족계를 받기 전의 여성 출가자를 말한다.

① 불살생계(不殺生戒) : 살아 있는 것을 죽이지 마라. ② 불투도계(不偸盜戒) : 훔치지 마라. ③ 불사음계(不邪婬戒) : 음란한 짓을 하지 마라. ④ 불망어계(不妄語戒) : 거짓말하지 마라. ⑤ 불음주계(不飮酒戒) : 술 마시지 마라. ⑥ 부도식향만계(不塗飾香鬘戒) : 향유(香油)를 바르거나 머리를 꾸미지 마라. ⑦ 불가무관청계(不歌舞觀聽戒) : 노래하고 춤추는 것을 보지도 듣지도 마라. ⑧ 부좌고광대상계(不坐高廣大床戒) : 높고 넓은 큰 평상에 앉지 마라. ⑨ 불비시식계(不非時食戒) : 때가 아니면 먹지 마라. 즉, 정오가 지나면 먹지 마라. ⑩ 불축금은보계(不蓄金銀寶戒) : 금은보화를 지니지 마라.

구족계(具足戒)

비구와 비구니가 받아 지켜야 할 계율로, 비구는 250계, 비구니는 348계이다.

10선계(善戒)

10선업도(善業道)라고도 한다. 대승의 계율 가운데 가장 중요한 것으로, 몸과 말과 뜻으로 짓는 열 가지 청정한 것을 말한다. 그것의 구체적인 내용은 5계(戒) 중에서 불음주(不飮酒)를 제외한 네 가지에 여섯 가지의 새로운 조목을 첨가한 것이다.

① 불살생(不殺生) : 살아 있는 것을 죽이지 않는다. ② 불투도(不偸盜) : 훔치지 않는다. ③ 불사음(不邪婬) : 음란한 짓을 저지르지 않는다. ④ 불망어(不妄語) : 거짓말하지 않는다. ⑤ 불악구(不惡口) : 남을 괴롭히는 나쁜 말을 하지 않는다. ⑥ 불양설(不兩舌) : 이간질하지 않는다. ⑦ 불기어(不綺語) : 교묘하게 꾸미는 말을 하지 않는다. ⑧ 불탐욕(不貪欲) : 탐욕을 부리지 않는다. ⑨ 부진에(不瞋恚) : 화내지 않는다. ⑩ 불사견(不邪見) : 그릇된 견해를 일으키지 않는다.

3취정계(三聚淨戒)

대승의 보살이 받아 지녀야 할 세 가지 계율로, 대승의 계율을 총괄한다.

① 섭율의계(攝律儀戒) : 악을 방지하기 위해 제정한 것으로, 비구의 250계와 비구니의 350계를 중심으로 한 여러 가지 계율을 말한다. 이것은 대승 이전에 교단 내에 제시되어 있던 모

든 금지 조항으로 흔히 '하지 마라'고 하는 계율이다.

② 섭선법계(攝善法戒) : 모든 선(善)을 행한다는 적극적인 의미의 계율이다. 보살이 계를 받은 다음 선을 쌓아가는 것을 말한다.

③ 섭중생계(攝衆生戒) : 선(善)을 쌓아가면서 중생에게 이익을 베푸는 행이다.

이러한 삼취정계가 지니는 의의는 섭율의계로써 마음의 안정을, 섭선법계로써 불법(佛法)의 성숙을, 섭중생계로써 중생을 제도하는 데 있다. 이 세 가지는 초기 불교의 계율을 포용하면서 다시 그 위에 적극적으로 선을 행하는 것으로, 계율을 수동적인 금지 조항으로만 받아들이지 말고 적극적이고 능동적으로 선을 행할 것을 강조한 규범이다.

음행은 청정한 성품을 끊고, 살생은 자비심을 끊고, 도둑질은 복덕을 끊고, 거짓말은 진실을 끊는다.

지혜를 이루어 6신통을 얻었다고 해도 살생과 도둑질과 음행과 거짓말을 끊지 못한다면, 반드시 악마의 길에 떨어져 깨달음에 이르는 바른 길을 영영 잃고 말 것이다.

이 네 가지 계율은 모든 계율의 근본이므로 따로 밝히니, 생각으로라도 범하지 않아야 한다. (…)

계율[戒]의 그릇이 온전하고 견고해야 선정[定]의 물이 맑고 깨끗
해 비로소 지혜[慧]의 달이 나타난다.

- 『선가귀감(禪家龜鑑)』

정학(定學)은 8정도(正道)의 바르게 집중하기[正定]를 닦는 수
행자가 이르게 되는 네 단계의 선정, 즉 4선(禪)을 닦는 것이다.

"비구들아, 그러면 무엇이 바르게 집중하기인가?

비구가 애욕과 불건전한 것들을 떠나고, 일으킨 생각과 지속적인
고찰이 있고, (애욕 등을) 떠남으로써 생긴 기쁨과 안락이 있는 초
선(初禪)에 들어 머문다.

일으킨 생각과 지속적인 고찰이 가라앉고, 마음이 고요하고 한곳
에 집중됨으로써 생긴 기쁨과 안락이 있는 제2선(禪)에 들어 머
문다.

기쁨을 버리고 평온에 머물며, 알아차리기와 분명한 앎을 지녀
몸으로 안락을 느낀다. 성자들이 '평온과 알아차리기를 지니고
안락에 머문다.'고 한 제3선(禪)에 들어 머문다.

안락도 버리고 괴로움도 버리며, 이전에 기쁨과 슬픔을 없애버렸

으므로 괴롭지도 즐겁지도 않고, 평온과 알아차리기로 청정해진 제4선(禪)에 들어 머문다.

비구들아, 이것이 바르게 집중하기이다."

- 『장부(長部)』 22, 「대염처경(大念處經)」

초선은 애욕을 떠남으로써 기쁨과 안락이 있는 상태이고, 제2선은 마음이 고요하고 한곳에 집중됨으로써 기쁨과 안락이 있는 상태이다. 제3선은 평온과 알아차리기와 분명한 앎을 지니고 안락에 머무는 상태이고, 제4선은 평온과 알아차리기로 청정해진 상태이다.

위의 인용문에서, 불건전한 것[不善法]은 탐(貪)·진(瞋)·치(癡) 를 말하고, 이것이 감소된 상태를 건전한 것[善法]이라 한다. 즉, 열반에 이르는데 장애가 되는 것을 불건전한 것, 열반에 이르는데 도움이 되는 것을 건전한 것이라 한다.

일으킨 생각[覺]은 집중하는 대상에 대해 일으킨 생각이고, 지속적인 고찰[觀]은 그 대상에 대한 지속적인 고찰이다.

혜학은 4제(諦)를 진실 그대로 아는 지혜이다.

"비구가 수시로 뛰어난 계학과 뛰어난 정학과 뛰어난 혜학을 닦아서 때가 되면, 자연히 아무런 번뇌도 일어나지 않아 마음이 잘 해탈할 것이다.

비구들아, 비유하면 닭이 알을 품고 열흘이나 열이틀 동안 수시로 동정을 살피면서 시원하게 혹은 따뜻하게 잘 보호하는 것과 같다. 그러나 알을 품은 닭은 '오늘 아니면 내일이나 훗날에 알을 부리로 쪼거나 발톱으로 긁어서 병아리가 무사히 나올 수 있게 하리라.'고 생각하지 않는다. 그저 그 닭이 알을 잘 품고 수시로 잘 보호하면 병아리는 자연히 나오게 될 것이다.

비구들아, 이와 같이 3학(學)을 잘 닦아서 때가 되면, 자연히 아무런 번뇌도 일어나지 않아 마음이 잘 해탈할 것이다."

– 『잡아함경(雜阿含經)』 제29권 제31경

네 가지 알아차리기의 확립,

4염처(念處)

세존께서 말씀하셨다.

"비구들아, 이것은 모든 중생을 청정하게 하고, 근심과 탄식을 건너게 하고, 육체적 괴로움과 정신적 괴로움을 사라지게 하고, 올바른 길을 터득하게 하고, 열반을 실현하게 하는 유일한 길이다. 그것은 곧 4염처(念處)이다.

무엇이 4염처인가?

비구들아, 비구가 몸[身]에서 몸을 관찰하면서 머문다. 세간에 대한 탐욕과 싫어하는 마음을 버리고, 근면하게 분명한 앎과 알아차리기를 지니고 머문다.

느낌[受]에서 느낌을 관찰하면서 머문다. 세간에 대한 탐욕과 싫
어하는 마음을 버리고, 근면하게 분명한 앎과 알아차리기를 지니
고 머문다.

마음[心]에서 마음을 관찰하면서 머문다. 세간에 대한 탐욕과 싫
어하는 마음을 버리고, 근면하게 분명한 앎과 알아차리기를 지니
고 머문다.

현상[法]에서 현상을 관찰하면서 머문다. 세간에 대한 탐욕과 싫
어하는 마음을 버리고, 근면하게 분명한 앎과 알아차리기를 지니
고 머문다."

– 『장부(長部)』 22, 「대염처경(大念處經)」

여기서 '몸[身]에서 몸을 관찰하면서'는 몸에서 일어나고 사
라지는 변화의 순간순간을 놓치지 않고 지속적으로 관찰한다
는 뜻이고, '탐욕과 싫어하는 마음을 버리고'는 2분법의 분별
을 버린다는 뜻이고, '현상[法]에서 현상을 관찰하면서'는 매 순
간 끊임없이 생멸 생멸을 거듭하는 안팎의 현상을 지속적으로
관찰한다는 뜻이다. '알아차리기'는 지금 내 몸-마음에서 매
순간 일어나고 사라지는 온갖 현상을 하나도 빠뜨림 없이 주시
하는 것이다.

4염처(念處)는 네 가지 알아차리기(ⓟ sati)의 확립, 즉 몸[身]·
느낌[受]·마음[心]·현상[法]을 있는 그대로 관찰해서 알아차리
기를 확립하는 것이다. 순간순간 그 네 가지의 생멸을 거듭 알
아차려서 그것이 모두 무상·고·무아라고 통찰하게 되면, 몸·
느낌·마음·현상에 대한 집착이 점점 희박해져 가고, 그것들의
속박에서 점차 벗어나게 된다.

　　"아난아, 자기를 의지처로 삼아 자기에게 의지하고, 가르침을 의
　　지처로 삼아 가르침에 의지하라. 다른 것을 의지처로 삼지 말고
　　다른 것에 의지하지 마라."
　　아난이 붓다에게 여쭈었다.
　　"세존이시여, 어떤 것이 자기를 의지처로 삼아 자기에게 의지하
　　는 것입니까? 어떤 것이 가르침을 의지처로 삼아 가르침에 의지
　　하는 것입니까? 어떤 것이 다른 것을 의지처로 삼지 않고 다른
　　것에 의지하지 않는 것입니까?"
　　"비구라면 몸[身]에서 몸을 관찰하는 염처(念處)에서 거듭 힘써
　　수행해서 바른 지혜와 바른 알아차림으로 세간의 탐욕과 근심을
　　다스려야 한다.
　　이와 같이 몸의 안팎을 관찰하고, 느낌[受]·마음[心]에서도 마찬

가지로 하고, 현상[法]에서 현상을 관찰하는 염처에서도 그와 같이 한다.

아난아, 이것이 자기를 의지처로 삼아 자기에게 의지하고, 가르침을 의지처로 삼아 가르침에 의지하고, 다른 것을 의지처로 삼지 않고 다른 것에 의지하지 않는 것이다."

– 『잡아함경(雜阿含經)』 제24권 제34경

들숨과 날숨을 알아차리는 수행을 집중적으로 거듭함으로써 4염처가 성취되고, 4염처를 거듭 수행함으로써 체험하게 되는 '일곱 가지 깨달음의 요소'가 7각지(覺支)이다.

'들숨과 날숨을 알아차리는 수행'에서 시작하므로 스승은 먼 데 있는 게 아니라 바로 코앞에 있다.

"비구들아, 만약 어떤 사람이 '사문 싯다르타는 우안거(雨安居) 동안 어떤 수행을 자주 하는가?' 하고 물으면, 너희들은 '세존은 들숨과 날숨을 알아차리는 수행을 자주 하면서 우안거를 보내셨다.'고 말하라.

비구들아, 나는 바르게 관찰하면서 숨을 들이쉬고, 바르게 관찰하면서 숨을 내쉰다."

– 『상응부(相應部)』 54 : 11, 「일사능가라(一者能加羅)」

"비구들아, 들숨과 날숨을 알아차리는 수행을 거듭거듭 하면 4염처를 성취하게 된다.

4염처를 거듭거듭 수행하면 7각지를 성취하게 된다.

7각지를 거듭거듭 수행하면 지혜와 해탈을 성취하게 된다.

비구들아, 들숨과 날숨을 알아차리는 수행을 어떻게 거듭해야 큰 결실과 이익이 있는가?

비구들아, 어떤 비구가 숲이나 나무 아래나 빈방에서 가부좌하고 상체를 곧게 세우고 전면에 알아차리기를 확립한다. 그러고는 알아차리면서 숨을 들이쉬고 알아차리면서 숨을 내쉰다."

– 『중부(中部)』 118, 「입출식념경(入出息念經)」

그때 세존께서 거듭 비구들에게 말씀하셨다.

"만약 비구가 죽음에 대해 사유하면서 전면에 알아차리기를 확립하고, 마음을 움직이지 않으며, 들숨과 날숨의 드나드는 횟수를 알아차리면서 그 사이에 7각지를 사유한다면, 여래의 가르침에서 많은 이익을 얻을 것이다. 왜냐하면 모든 의식 작용은 텅 비어 일어나는 것이나 소멸하는 것이나 모두 허깨비이고 진실함이 없기 때문이다.

그러므로 비구들아, 들숨과 날숨 속에서 죽음에 대해 사유한다면 곧바로 생로병사와 근심·걱정과 고뇌에서 벗어날 것이다."

– 『증일아함경(增一阿含經)』 제35권 제2경

"비구들아, 어떻게 4염처를 거듭 수행해서 7각지를 완성하게 되는가?

비구들아, 세간에 대한 탐욕과 싫어하는 마음을 버리고, 근면하게 분명한 앎과 알아차리기를 지닌다. 비구가 몸에서 몸을 관찰하는 수행을 하면서 지낼 때, (…) 느낌에서 느낌을 관찰하는 수행을 하면서 지낼 때, (…) 마음에서 마음을 관찰하는 수행을 하면서 지낼 때, (…) 현상에서 현상을 관찰하는 수행을 하면서 지낼 때, 알아차리기가 뚜렷이 확립되어 그에게 염각지(念覺支)가 생기고, 그것을 닦아 염각지를 완성하게 된다.

그 비구가 그렇게 알아차리기를 지니고 머물면서 지혜로 몸-마음의 현상들을 고찰하고 검토하고 사색할 때, 그에게 택법각지(擇法覺支)가 생기고, 그것을 닦아 택법각지를 완성하게 된다.

그 비구가 지혜로 몸-마음의 현상들을 고찰하고 검토하고 사색할 때, 그에게 지칠 줄 모르는 정진이 생기고, 그때 그에게 정진각지(精進覺支)가 생기며, 그것을 닦아 정진각지를 완성하게 된다.

정진을 일으켜 수행에 몰두하는 그 비구에게 세간에서 맛볼 수 없는 기쁨이 생기고, 그때 그에게 희각지(喜覺支)가 생기며, 그것을 닦아 희각지를 완성하게 된다.

기쁨을 느끼는 그 비구는 몸-마음이 편안하다. 그때 그에게 경안 각지(輕安覺支)가 생기고, 그것을 닦아 경안각지를 완성하게 된다.

몸-마음이 편안한 그 비구는 더욱 집중하게 된다. 그때 그에게 정 각지(定覺支)가 생기고, 그것을 닦아 정각지를 완성하게 된다.

이처럼 마음이 집중된 그 비구는 마음의 평온을 잘 유지한다. 그때 그에게 사각지(捨覺支)가 생기고, 그것을 닦아 사각지를 완성하게 된다."

– 『중부(中部)』 118, 「입출식념경(入出息念經)」

"과거의 모든 여래(如來)·무소착(無所著)·등정각(等正覺)도 다 5개(蓋) 와 마음의 더러움과 약한 지혜를 끊고 마음을 다잡아 4염처(念處)에 바르게 머물고 7각지를 닦아 위없고 바른 깨달음을 얻었고, 미래의 모든 여래·무소착·등정각도 다 5개와 마음의 더러움과 약한 지혜 를 끊고 마음을 다잡아 4염처에 바르게 머물고 7각지를 닦아 위없 고 바른 깨달음을 얻을 것이며, 현재의 여래·무소착·등정각인 나 도 5개와 마음의 더러움과 약한 지혜를 끊고 마음을 다잡아 4염처 에 바르게 머물고 7각지를 닦아 위없고 바른 깨달음을 얻었다."

– 『중아함경(中阿含經)』 제24권 「염처경(念處經)」

들숨과 날숨을 알아차리는 수행을 거듭하여 4염처 수행에 이르고, 이 수행을 하는 과정에서 일어나는 다섯 가지 장애인 5개(蓋), 즉 탐욕·진에(瞋恚, 분노)·수면(睡眠, 혼미와 졸음)·도회(掉悔, 들뜸과 후회)·의(疑, 의심)를 점점 소멸시키고, 5온이 생멸하는 그 순간순간을 하나도 빠뜨리지 않고 알아차린다. 그 다음으로 6근(根)과 6경(境), 즉 12처(處)의 접촉으로 순간순간 일어나고 사라지는 것들을 끊임없이 알아차린다. 이러한 수행을 계속해 나가면 일곱 가지 깨달음의 요소들, 즉 7각지를 체험하게 된다.

몸-마음이 안정되면서 알아차리기가 더욱 뚜렷해지고[念覺支], 몸-마음이라는 현상에 대한 이해가 깊어지면서[擇法覺支] 더욱 더 정진하게 되고[精進覺支], 가슴에 잔잔히 사무치는 평온한 기쁨을 느끼고[喜覺支], 몸-마음이 홀가분하여 안정되고[輕安覺支], 평온한 기쁨으로 안정된 마음은 더욱 집중하게 되고[定覺支], 일어났다가 사라지는 몸-마음의 온갖 현상들에 대해 집착하지도 저항하지도 않아 마음의 평온이 잘 유지된다[捨覺支].

이 7각지를 닦아 지혜와 해탈을 성취하고, 위없고 바른 깨달음에 이르는 것이다.

무상·고·무아를
통찰하는

위팟사나(vipassanā)

그때 아난 존자가 상좌(上座)에게 가서 공경히 인사하고 안부를
물은 뒤 한쪽에 물러나 앉아서 물었다.

"비구가 한적한 삼림이나 조용한 방에서 사유하려면 어떤 방법
으로 세밀하게 사유해야 합니까?"

상좌가 대답했다.

"아난 존자여, 사마타[止]와 위팟사나[觀]의 두 가지 방법으로 사
유해야 합니다."

"사마타를 거듭거듭 수행하면 무엇이 이루어지고, 위팟사나를
거듭거듭 수행하면 무엇이 이루어집니까?"

"아난 존자여, 사마타를 거듭 수행하면 결국 위팟사나가 이루어지고, 위팟사나를 거듭 수행하면 사마타가 이루어집니다. 거룩한 제자는 사마타와 위팟사나를 함께 수행해서 모든 해탈의 경지에 이릅니다."

– 『잡아함경(雜阿含經)』 제17권 제9경

"비구들아, 탐욕을 알기 위해서는 두 가지를 닦아야 한다.

무엇이 두 가지인가?

사마타와 위팟사나이다.

비구들아, 탐욕을 알기 위해서는 반드시 이 두 가지를 닦아야 한다."

– 『증지부(增支部)』 1 : 17, 「품(品)」

"비구들아, 사마타를 닦아 무엇을 성취하고, 마음을 닦고 닦아 무엇을 성취하는가?

탐욕이 끊어진다.

비구들아, 위팟사나를 닦아 무엇을 성취하고, 지혜를 닦고 닦아 무엇을 성취하는가?

무명(無明)이 끊어진다."

– 『증지부(增支部)』 2 : 3, 「우인품(愚人品)」

묘한 말씀 아무리 많이 읽어도

방탕하여 계율을 지키지 않고

탐욕과 분노와 어리석음에 빠져서

지관(止觀)을 닦지 않으면

소떼와 같을 뿐

붓다의 제자라고 할 수 없다.

– 『법구경(法句經)』, 「쌍요품(雙要品)」

초기불교의 수행법은 크게 세 가지로 나뉜다. 즉, 사마타를 닦은 후 위팟사나를 닦는 방법, 사마타 없이 바로 위팟사나를 닦는 방법, 사마타와 위팟사나를 함께 닦는 수행법이다.

사마타(Ⓟ samatha, 止)는 '고요함'이라는 뜻이다. 한곳에 집중해서 마음의 동요와 산란이 가라앉고 그친 상태이다.

위팟사나(Ⓟ vipassanā, 觀)는 '뛰어난, 특별한(vi) 봄, 관찰(passanā)'이라는 뜻이다. 그냥 보는 게 아니라 대상을 '해체해서 꿰뚫어 보는 통찰'이다.

사마타는 집중하는 삼매[定]이고, 위팟사나는 대상을 무상·고·무아라고 통찰하는 지혜[慧] 수행이다. 여기서 대상은 '나 자신'을 해체한 4염처나 5온이다.

그런데 사마타만으로는 열반에 이를 수 없다. 왜냐하면 사마타에서는 탐(貪)·진(瞋)·치(癡)가 '고요함'에 눌려 잠복되어 있는 상태여서 삼매에서 나오면 다시 탐·진·치가 일어나기 때문이다. 위팟사나는 이들의 뿌리를 뽑는 수행이다. 사마타 수행은 마치 풀을 돌멩이로 잠시 눌러 놓은 것과 같다. 돌멩이로 눌러 놓은 동안에는 풀이 일어나지 못하지만 돌멩이를 치우면 다시 일어난다. 위팟사나는 돌멩이로 눌러 놓는 방식이 아니라 풀의 뿌리는 뽑아버리는 수행법이다.

사마타와 위팟사나는 사티(ⓟ sati)를 바탕으로 하는데, 사티는 '지금 이 순간의 현상에 집중해서 그것을 어떠한 판단이나 통제를 하지 않고 지속적으로 알아차리고 그냥 지켜보기만 하는 것'이다. 지금 어떠한 현상이 일어나든지, 지금 무엇을 하고 있든지, 매 순간 그것에 집중해서 알아차리는 것이다.

'어떠한 판단이나 통제를 하지 않고'는 지금 안팎에서 일어나고 사라지는 온갖 현상을 '좋다/싫다' 등으로 판단하지 않을 뿐 아니라 그냥 그대로 수용하고 허용한다는 뜻이다. '좋다/싫다' 등으로 분별하면 좋은 것에는 애착하게 되고 싫은 것에는 분노를 일으키고, 그 현상을 통제하여 없애려거나 바꾸려고 애쓰면 그것과 싸우게 되고, 싸워서 해소되는 건 아무것도 없다. 따라서 그 판단과 통제가 불안과 갈등과 긴장의 원인이 되므로 그 현상에서 한 발짝 물러나 '그냥 지켜보기만 하는 것'이다. 그러니까 지금 안팎에서 일어나고 사라지는 현상을 판단하지도 않고 통제하지도 않고, 그냥 내버려두고 지켜보기만 하는 것이다. 이 사티를 간략히 '알아차리기'라고 옮긴다.

위팟사나는 사티와 사마타를 기반으로 해서 모든 현상을 있는 그대로 꿰뚫어 보아 해탈의 지혜를 얻는 수행이다. 특히 '나 자신'을 4염처나 5온으로 해체해서 거기에서 매 순간 일어났다가 사라지는 몸-마음의 생멸을 알아차려야만 무상이 보이고, 고가 절실하고, 무아가 드러난다. 즉, 몸-마음의 생멸을 순간순간 놓치지 않고 알아차림으로써 무상과 고를 절감하고, 4염처와 5온에 독자적으로 존속하는 실체도 없고, 고유한 본질도 없고, 독립된 개체적 자아도 없다고 통찰하는 것이다. 몸-마음이 무상·고·무아이다. 이것을 거듭 알아차리고 거듭 통찰함으로써 몸-마음에 대한 집착이 점점 떨어져 나가 그 속박에서 벗어나게 된다. 그래서 무상·고·무아를 열반으로 가는 세 관문이라 한다.

"모든 의식 작용[行]은 무상(無常)하다. 이것이 첫 번째 근본 진리이니, 사유하고 수행하라.

모든 의식 작용[行]은 고(苦)이다. 이것이 두 번째 근본 진리이니, 다 함께 사유하라.

모든 현상[法]은 무아(無我)이다. 이것이 세 번째 근본 진리이니, 다 함께 사유하라.

모든 번뇌의 소멸이 열반(涅槃)이다. 이것이 네 번째 근본 진리이니, 다 함께 사유하라.

비구들아, 이 네 가지 근본 진리를 사유하라. 왜냐하면 그것으로 태어남·늙음·병듦·죽음·근심·슬픔·번뇌 등 괴로움의 근본에서 벗어날 수 있기 때문이다."

- 『증일아함경(增一阿含經)』 제23권, 「증상품(增上品)」 제4경

탐욕과 분노와
어리석음이 소멸된

열반(涅槃)

염부차(閻浮車)가 사리불(舍利弗)에게 물었다.

"어떤 것을 열반이라 합니까?"

사리불이 말했다.

"열반이란 탐욕[貪]이 다 없어지고, 분노[瞋]가 다 없어지고, 어리석음[癡]이 다 없어져, 모든 번뇌가 다 없어진 것을 말합니다."

－『잡아함경(雜阿含經)』 제18권 제1-③경

붓다께서 말씀하셨다.

"이 인생은 괴로움으로 가득 차 있다. 그것은 탐욕과 분노와 어리석음 때문이다. 나는 괴로움을 없애는 방법을 가르친다. 격렬한 탐욕의 불꽃이 없어지면 불안이나 괴로움도 없어진다. 훨훨 타오르는 불도 그 땔감이 다하면 꺼져버리는 것과 같다. 그것을 나는 열반이라 한다."

– 『중부(中部)』 72, 「파차구다화유경(婆蹉衢多火喩經)」

라타가 세존에게 물었다.

"무엇을 위해 탐욕을 버립니까?"

"열반을 위해서다."

"그러면 세존이시여, 무엇을 위해 열반을 얻는 겁니까?"

"라타야, 너의 질문은 너무 지나치다. 묻는 데 끝을 모르는구나. 라타야, 나의 가르침은 열반에 이르는 게 목적이다. 우리들이 이 거룩한 수행을 하는 것은 모두 열반에 이르기 위한 것이고, 열반에서 끝난다."

– 『상응부(相應部)』 23 : 1, 「마(魔)」

열반(涅槃)은 ⑤ nirvāṇa ⑫ nibbāna의 음사로, '불어서 끈 상태'라는 뜻이다. 불어서 불을 끄듯, 탐욕과 분노와 어리석음이 완전히 소멸된 상태를 말한다. 이 탐욕과 분노와 어리석음을

탐욕과 분노와 어리석음이 소멸된
열반(涅槃)

3독(毒)이라 한다.

탐욕은 가지면 가질수록 '좀 더 좀 더, 더 많이 더 많이' 하면서 탐내어 그칠 줄 모르는 갈구이고, 남이 자신의 생각대로 해주기를 바라는 망상이고, 남의 생각이 자신의 생각과 같기를 바라는 욕구이고, 남이 자신을 인정해 주기를 바라는 욕망이고, 남이나 자신이 어떻게 해야 하고 어떻게 되어야 한다는 갈망이다.

분노는 '저항'이다. 자신의 뜻대로 되지 않는 데서 일어나는 저항이고, 남의 뜻이 자신의 뜻과 같지 않고, 자신의 뜻대로 남이 따라주지 않고, 허망한 자존심에 상처를 받는 데서 일어나는 저항이다. 그러니까 싫거나 기분 나쁘다고 저항하는 게 분노이다.

어리석음은 자신이 얼마나 탐욕스럽고 매사에 얼마나 잘 분노하는지를 자각하지 못하고, 그 탐욕과 분노의 발생과 환난과 소멸을 알지 못하는 것이다. 흔히 탐욕, 탐욕이라고 하면 남들이 탐욕스럽지 자신은 무관하다고 착각하는데, 자신의 내면에 숨어 있는 탐욕과 집착을 꿰뚫어 보지 못하면 그것을 해소할 길이 없어 편하게 살아갈 날은 영영 오지 않는다.

모든 현상은 아무런 잘잘못 없이 그냥 있는데 마음은 시도 때도 없이 현상을 갖가지로 분별하여 '좋다'는 분별에는 탐욕을 일으키고 '나쁘다'는 분별에는 분노하는데, 그 분별이 망상이라는 걸 자각하지 못하고 거기에 얽매이면 3독(毒)의 약화, 즉 열반에 이르는 길은 멀고도 멀다.

붓다께서 말씀하셨다.

"비구들아, 모든 것이 타고 있다. 활활 타고 있다. 너희들은 먼저 이것을 알아야 한다.

그것은 무슨 뜻인가?

비구들아, 눈이 타고 있다. 그 대상을 향해 타고 있다. 귀도 타고 있다. 코도 타고 있다. 의식도 타고 있다. 모두 그 대상을 향해 활활 타고 있다.

비구들아, 그것들은 무엇으로 타고 있는가?

탐욕의 불꽃으로 타고, 분노의 불꽃으로 타고, 어리석음의 불꽃으로 타고 있다."

- 『상응부(相應部)』 35 : 28, 「연소(燃燒)」

붓다께서 말씀하셨다.

"포다리(哺多利)야, 탐욕은 마치 마른 풀로 엮은 횃불을 들고 바람

부는 쪽으로 걸어가는 것과 같다. 만약 그 횃불을 빨리 버리지 않으면 손이 타는 고통을 당할 것이다.

포다리야, 그래서 나의 제자들은 '탐욕은 마른 풀로 엮은 횃불과 같다. 그것 때문에 괴로움이 많다.'고 생각한다.

그들은 이렇게 탐욕을 꿰뚫어 보고 세속에 대한 집착을 모두 끊으려고 한다."

-『중부(中部)』 54,「포다리경(哺多利經)」

아난 존자가 전타(栴陀)라는 출가한 외도에게 말했다.

"탐욕에 물들어 집착하면 마음을 덮어버리기 때문에 자기를 해치기도 하고 남을 해치기도 하며 자기와 남을 함께 해치기도 합니다. 그래서 그는 현세에서 죄를 받기도 하고 후세에 죄를 받기도 하며 현세와 후세에서 모두 죄를 받기도 합니다. 그래서 그의 마음은 항상 근심하고 괴로워하는 감정을 품게 됩니다. 또 마음이 분노에 덮이고 어리석음에 덮이면, 자기를 해치기도 하고 남을 해치기도 하며 자기와 남을 함께 해치기도 합니다. 그래서 그의 마음은 항상 근심하고 괴로워하는 감정을 품게 됩니다."

-『잡아함경(雜阿含經)』제35권 제4경

선(禪)

달마(達摩)는 벽관(壁觀)으로 사람들에게 안심(安心)을 가르쳤다.
밖으로 온갖 인연을 쉬고 안으로 헐떡임이 없어서 마음이 장벽
같아야 도(道)에 들 수 있다.

– 『선원제전집도서(禪源諸詮集都序)』 상(上) 2

달마가 면벽하고 있었다. 2조(祖)가 눈 속에 서서 팔을 자르고 말
했다.

"제 마음이 편하지 않습니다. 부디 대사께서 편하게 해주십시오."

"마음을 가지고 오너라. 편하게 해 주마."

"마음을 찾아보았으나 끝내 찾을 수가 없습니다."

"이미 너의 마음을 편하게 했느니라."

– 『무문관(無門關)』, 「달마안심(達摩安心)」

아무리 애써 찾아도 찾을 수 없는 게 마음이다. 왜냐면 그건 지각 대상이 아니니까. 허나 마음이 너무나 불안하고 괴로워서 거기에 질려버리니, 마음이 떨어져 나갔다. 마치 열매가 무게를 감당하지 못하고 나무에서 떨어지듯이.

마음이 붕괴해 버리니, 무(無)이고, 하나이고, 허공이다.

언어의 감옥을 깨부수고 뛰쳐나가 온갖 분별을 몽땅 털어버리고 본래의 자리에서 한껏 바보가 되어 죽는 것도 사는 것도 잊은 채 그저 편한 것, 2분법으로 분별하는 마음의 잣대가 용해되어 무경계(無境界)의 자리로 돌아가 그저 편한 것, 이게 안심(安心)이다.

달마는 2조 혜가(慧可, 487~593)에게 4권 『능가경(楞伽經)』을 주면서 선법(禪法)을 전했다. 이 경의 요점은 세존께서 한 자(字)도 설하지 않았으니, 문자에 집착하지 말고 유심(唯心)을 체득하여 자내증(自內證)하라는 가르침이다. 자내증이란 자신이 직접 체득한 내면의 깨달음으로, 언어로 표현할 수 없는 직접 체험 그 자체이다.

'한 자(字)도 설하지 않았다.'는 것은, 석가세존이 직접 체득한 깨달음은 언어로 표현할 수 없다는 뜻이다. 그래서 자내증은 언어와 분별을 떠나 자신이 직접 증득할 수밖에 없고, 경전의 언어는 그것을 가리키는 나침반에 불과한 것이다. 그러니까 언어는 자내증을 가리키는 도구이지, 자내증으로 데려다 주는 도구가 아니다.

> 말은 사물 그 자체를 드러낼 수 없고
> 글귀는 진리 그 자체가 아니다.
> 말을 그대로 받아들이는 자는 진실을 잃고
> 글귀에 매달리는 자는 미혹에 빠진다.
> – 『무문관(無門關)』, 「정전백수(庭前柏樹)」

오이 맛을 아무리 말해도 그 맛 자체를 드러낼 수 없고, 마음의 아픈 상처를 울먹이며 말해도 전달되지 않는다. 밥에 대해 아무리 말해도 배부르지 않고, 나무라는 말이 그늘을 드리우지 않으며, 지도는 땅덩이가 아니다. 애당초 이름이란 없었다. 말이나 이름은 어떤 대상이나 상태에 부여한 관념일 뿐, 그

대상이나 상태와 아무런 인과관계가 없다. 그런데도 관념에 얽매여 온갖 분별을 일으키면 본래 그 자체에 이를 날은 영영 오지 않는다.

법안 문익(法眼文益)은 때때로 대중에게 이렇게 설법했다.
"진리는 있는 그대로의 모습으로 우리 눈앞에 있다. 그러나 그대들은 이름과 형상으로 받아들인다. 그렇게 해서 어떻게 참모습을 찾을 수 있겠는가."

－『금릉청량원문익선사어록(金陵淸凉院文益禪師語錄)』

선종 3조 승찬(僧璨, ?~606)은 자신의 법을 도신(道信, 580~651)에게 전했고, 5조는 홍인(弘忍, 601~674)이다.

도신의 선법은 좌선해서 오로지 자신이 본래부터 갖추고 있는 청정한 성품을 주시하는 일행삼매(一行三昧)와 하나를 응시하면서 마음을 가다듬어 움직이지 않는 수일불이(守一不移)로 요약할 수 있고, 홍인의 선법은 자신이 본래부터 갖추고 있는 청정한 불성(佛性)을 확인하여 잘 지키는 수심(守心)에 있다.

도신은 수일불이(守一不移)를 구체적으로 설했다.

수일불이란 훤하고 깨끗한 눈으로 한 물건을 응시하면서 밤낮으로 마음을 가다듬어 항상 움직이지 않는 것이다.

그 마음이 흩어지려할 때는 곧바로 가다듬기를, 마치 끈으로 새의 발을 묶어 놓고 새가 날아가려 하면 끈을 당기듯이 해서 온종일 지켜보기를 그치지 않는다면, 모든 것이 사라져 저절로 마음이 안정될 것이다.

– 『능가사자기(楞伽師資記)』, 「도신장(道信章)」

이것은 달마가 설한 안심(安心)과 다르지 않고, 마음을 집중해서 어떠한 망상도 들어오지 못하게 하는 벽관(壁觀)을 수일불이로 표현한 것이라고 할 수 있다.

가르침의 바다는 한량없지만 그것을 행하는 것은 한마디 말에 있다. 뜻을 얻으면 말을 잊어야 하니, 한마디 말도 필요 없다.

이와 같이 분명히 체득한다면, 부처의 뜻을 얻었다고 할 수 있다.

– 『능가사자기(楞伽師資記)』, 「도신장(道信章)」

'한마디 말'이란 수일불이를 가리키고, '한마디 말도 필요 없다.'는 것은 수일불이도 결국 안심을 위한 방편이라는 뜻이다. 어차피 말이란 분별이므로 말은 다 방편일 수밖에 없다.

홍인의 저술인 『최상승론(最上乘論)』의 요점은 수심(守心)이다.

수심은 열반의 근본이고, 도에 들어가는 요긴한 문이다. 모든 경의 본질이고, 모든 부처의 근원이다.

– 『**최상승론**(最上乘論)』

홍인은 수심의 구체적인 수행법을 다음과 같이 설했다.

처음 좌선을 배우는 사람은 『관무량수경』에 의지하는 것이 좋다. 먼저 단정히 앉아서 심신을 바르게 하고, 눈을 감고 입을 다물고, 마음을 좌선하는 앞쪽에 집중시켜 일정한 거리를 정해 놓고 태양을 생각한다. 자기의 진실한 마음을 지켜 잡념을 일으키지 말고, 호흡을 잘 조절해야 한다.

한밤중에 하는 좌선에서는 이상한 변화가 보이기도 할 것이다. 그러나 오직 한 생각으로 마음을 꽉 붙잡아 그런 것에 집착해서는 안 된다. 그것은 모두 공허한 망상이기 때문이다.

– 『**최상승론**(最上乘論)』

'태양을 생각한다.'는 것은 일상관(日想觀)으로, 지는 해를 보고 서쪽에 있는 극락정토와 아미타불을 마음속으로 그리는 수행법이다.

홍인은 다음과 같이 결론지었다.

본심(本心)이 바로 부처임을 너희들이 스스로 알게 되기를 바란다. 수많은 경론의 가르침은 본래 청정한 마음을 지키는 데 지나지 않는다. 이게 요점이다.

– 『**최상승론**(最上乘論)』

홍인은 혜능(慧能 638~713)에게 자신의 의발(衣鉢)을 전했다.

혜능 대사가 말했다.

"선지식들아, 나의 법문은 예로부터 모두 무념(無念)을 주된 요지로 하고, 무상(無相)을 본질로 하며, 무주(無住)를 근본으로 한다.

어떤 것을 무상(無相)이라 하는가?

무상이란 차별 속에 있으면서 차별을 떠난 것이다.

무념이란 생각 속에 있으면서 생각하지 않는 것이다.

무주란 사람의 본성이 찰나마다 얽매이지 않는 것이다."

– 돈황본(敦煌本) 『**육조단경**(六祖壇經)』

무념(無念)은 아무런 생각이 없다는 뜻이 아니라 생각을 떠나지 않으면서 그 생각에 집착하지 않고, 속박되지 않는다는 뜻이다. 그래서 '생각 속에 있으면서 생각하지 않는다.'고 했다. 생각을 일으켜 비록 보거나 듣거나 느끼거나 알더라도 생각에 오염되지 않아 항상 자유롭고, 대립하는 2분법이 모조리 사라져 생각이 더 이상 갈 곳이 없는 게 무념이다.

무상(無相)에서 상(相)은 '차별'이라는 뜻이다. '차별 속에 있으면서 차별을 떠난다.'는 것은 대립과 차별 속에 있으면서도 어느 쪽에도 얽매이지 않고, 오염되지 않고, 집착하지 않는다는 뜻이다.

매 순간, 어떤 것에도 얽매이지 않는 것이 무주(無住)다.

찰나마다 어떤 생각이 일어나도 그 어디에도 얽매이지 않는다. 한 찰나라도 얽매이면 모든 찰나에 얽매이게 되니, 이것을 속박이라 한다. 모든 것에서 어떤 찰나에도 얽매이지 않으면 속박이 없으니, 그래서 무주를 근본으로 삼는다.

– 돈황본(敦煌本) 『육조단경(六祖壇經)』

무엇을 좌선이라 하는가?

이 법문에는 막힘도 없고 걸림도 없다. 밖으로는 온갖 경계에 있어도 망상이 일어나지 않는 것을 좌(坐)라 하고, 안으로 자신의 흔들리지 않는 본성을 보는 것을 선(禪)이라 한다.

– 돈황본(敦煌本) 『육조단경(六祖壇經)』

모든 것이 다 자신의 마음속에 있거늘, 어찌 그곳에서 진여(眞如)의 본성을 단박에 보지 못하는가.

– 돈황본(敦煌本) 『육조단경(六祖壇經)』

'흔들리지 않는 본성을 본다'는 것은 견성(見性)을 말한다. 혜능은 좌선을 중시했던 이전의 선법에서 나아가 온갖 경계에 물들지 않아 청정한 성품이 항상 자재하고, 마음을 일으켜 대상 속에서 움직여도 그것에 속박되지 않고, 가거나 머물거나 앉거나 눕거나 항상 곧은 마음[直心]이 드러나는 것을 선(禪)이라 했다.

혜능의 선법은 돈오견성(頓悟見性)이다.

나는 홍인 화상의 처소에서 한번 듣고 그 말끝에 크게 깨쳐 진여의 본성을 단박에 보았다. 그래서 이 교법을 후대에 널리 퍼뜨려

도를 배우는 이에게 각자 마음을 관조하여 자신의 본성을 단박에 깨치게 했다.

— 돈황본(敦煌本)『육조단경(六祖壇經)』

마조(馬祖)가 말했다.

"도(道)는 수행을 필요로 하지 않는다. 다만 오염시키지만 마라. 무엇을 오염이라 하는가?

나고 죽는 마음을 일으켜 꾸며 대고 취향을 갖는 것은 모두 오염이다. 곧바로 말하면 평상심이 도이다[平常心是道].

평상심이란 꾸밈도 없고, 옳음과 그름도 없고, 취함과 버림도 없고, 연속과 단절도 없고, 속됨과 성스러움도 없는 것이다.

다만 지금 가고 머물고 앉고 눕는 모든 행위가 다 도이다."

—『경덕전등록(景德傳燈錄)』제28권, 「마조도일장(馬祖道一章)」

오염이란 마음이 2분법에 물들어 있다는 뜻이다. 2분의 분별을 일으키지 않는 게 오염시키지 않는 거다.

나고 죽는다는 분별을 일으켜 뭔가를 꾸며 대고, 어디에 마음이 쏠리는 그 자체가 모두 오염이다. 평상심은 그 분별이 끊어져 꾸밈도 없고, 옳음과 그름도 없고, 취함과 버림도 없고, 연속과 단절도 없고, 속됨과 성스러움도 없는 상태이다. 걸을 때는 걷기만 하고, 머물 때는 그냥 머물기만 하고, 앉을 때는 앉기만 하고, 누울 때는 눕기만 하는 게 평상심이다. 개나 고양이처럼 걷고, 머물 때는 나무가 되고, 앉으면 돌이 되고, 잠들면 몽둥이가 되는 것이다.

밥 먹을 땐 밥만 먹는 게 평상심이다. 허나 범부들은 밥 먹을 때 밥만 먹는 게 아니라 천만 가지 생각을 하고, 걸을 때도 앉아 있을 때도 온갖 생각이 허공을 떠돈다. 몸은 '지금 여기'에 있는데, 생각은 '여기'를 떠나 안 가는 데가 없다.

'지금 하고 있는 이것', 이게 전부다. 그 외는 모두 망상이고 허구다.

임제(臨濟)가 말했다.

"불법에는 인위적인 꾸밈이 없다. 오직 애써 꾸며 대지 않는 평상시의 생활일 뿐이다. 변소에 가고, 옷 입고, 밥 먹고, 피곤하면 눕는다. 어리석은 자는 웃겠지만 지혜로운 자는 알 것이다.

이르는 곳마다 주체적이면 머무는 곳마다 모두 참되다[隨處作主立處皆眞]."

– 『임제록(臨濟錄)』

마조가 대중에게 말했다.

"너희들 각자의 마음이 부처임을 확신하라. 이 마음이 곧 부처의 마음이다.

달마 대사께서 인도에서 중국에 오셔서 최상의 가르침인 일심(一心)을 전하여 너희들을 깨닫게 하셨고, 또 『능가경』의 경문을 인용해서 중생의 마음 바탕을 보이신 것은 너희들이 뒤바뀌어 스스로를 믿지 않을까봐 염려하셨기 때문이다."

　　　－『경덕전등록(景德傳燈錄)』제6권, 「마조도일장(馬祖道一章)」

어떤 학인이 마조에게 물었다.

"화상께서는 어찌하여 마음이 곧 부처[卽心卽佛]라고 합니까?"

"아기의 울음을 그치기 위해서다."

"울음을 그친 뒤에는 어떻게 합니까?"

"마음도 아니고 부처도 아니다[非心非佛]."

"이 두 가지에 해당되지 않는 사람이 오면 어떻게 합니까?"

"그에게는 그 무엇도 아니라[不是物]고 말하겠다."

　　　－『경덕전등록(景德傳燈錄)』제6권, 「마조도일장(馬祖道一章)」

어떤 학인이 대매 법상(大梅法常)에게 물었다.

"화상께서는 마조 대사를 뵙고 무엇을 얻었기에 이 산에 삽니까?"

"대사께서 마음이 곧 부처[卽心是佛]라고 하셨기에 여기 와서 삽니다."

"대사의 요즘 불법은 다릅니다."

"어떻게 다르오?"

"요즘은 마음도 아니고 부처도 아니라[非心非佛]고 합니다."

"그 늙은이가 사람을 혼란시키기를 그치지 않는구나. 마음도 아니고 부처도 아니라고 해도, 나는 오로지 마음이 부처요."

이 얘기를 마조가 전해 듣고 말했다.

"매실이 멋지게 익었구나."

– 『경덕전등록(景德傳燈錄)』제7권, 「대매법상장(大梅法常章)」

부처를 밖에서 찾는 이에게는 '마음이 곧 부처다[卽心是佛].', 여기에 집착하는 이에게는 '마음도 아니고 부처도 아니다[非心非佛].', 마음과 부처를 말할 필요가 없는 이에게는 '그 무엇도 아니다[不是物].'이다.

궁극의 '그 하나'는 언어로 표현할 수 없다. 왜냐하면 언어 자체가 2분법(이것은 언어의 결함이 아니라 언어의 본질이다)이기 때문에 '그 하나'를 언어로 표현하는 순간 둘로 쪼개지기 때문이다. 어떻게 하더라도 '그 하나'에 이를 수 없는 게 언어의 숙명이다. 그래서 모든 언어는 다 방편일 수밖에 없다. '그 하나'는 언어 저 편의, 언어의 그물에 걸리지 않는, 언어가 없어지고 생각이 끊어진 상태여서 말할 수도 없고, 인식할 수도 없고, 설할 수도 없는 것이다. 그것은 언어의 길이 끊어지고, 마음 작용이 소멸된 곳이다[言語道斷 心行處滅]. 따라서 2분화의 함몰은 직접 체험의 문제이지 인식의 영역이 아니다. 그래서 석가세존께서 '다시 설할 일 아니다[不須復說].'라고 한 후에 설하고 나서 '한마디도 설하지 않았다[不說一字].'고 한 것이다.

그렇다고 해서 애초에 설하지 않고 침묵했다면 어찌 불법(佛法)의 싹이 돋아났겠는가. 게다가 언어에 의존하지 않으면 '그 하나'를 가리킬 수도 없지 않은가. 그래서 언어를 사용하되 언어에 집착하지 말라고 했다.

개울을 건너려면 징검다리를 디뎌야 하지만, 징검다리에 집착해서 이리저리 궁리하느라 개울에 빠지지는 않을까, 마조(馬祖)는 그것을 염려했다.

운문(雲門)이 말했다.

"내가 오늘 말로 그대들을 속이고 있다고 생각하지 마라. 나는 그대들에게 말해야 하고, 그대들을 혼란케 하지 않을 수 없는 불가피한 입장이다."

−『운문광록(雲門廣錄)』

운문이 말했다.

"너희들이 문자를 따져서 이해하려 애쓰고, 문자로 천차만별의 분별을 일으켜 끝없는 의문과 논란을 벌인다면, 거기서 얻는 것은 말장난뿐이다.

중요한 것은 자신의 본래 성품을 보는 것이다."

−『경덕전등록(景德傳燈錄)』제19권,「운문문언장(雲門文偃章)」

어느 날 백장(百丈)이 위산(潙山)에게 말했다.

"화로에 불씨가 있는지 헤쳐 보았는가?"

위산이 헤쳐 보고서 말했다.

"불씨가 없습니다."

백장이 몸소 일어나 화로 속을 샅샅이 뒤져 작은 불씨 하나를 꺼내 들었다.

"이게 불씨가 아니고 무엇이냐."

−『경덕전등록(景德傳燈錄)』제9권,「위산영우장(潙山靈祐章)」

위산이 향엄(香嚴)에게 말했다.

"평소에 배웠거나 경전이나 책을 통해 기억하는 것에 대해서는 묻지 않겠다. 네가 어머니 배 속에서 나오기 이전, 아직 동서(東西)도 가리지 못하던 때의 모습은 어떠했는지, 어디 한마디 해보아라."

향엄이 어리둥절하면서 대답하지 못하다가 얼마 후 몇 마디 자신의 견해를 말했으나 위산은 그 어느 것도 인정하지 않았다.

향엄이 말했다.

"제발 화상께서 말씀해 주십시오."

"내가 말해주더라도 그것은 내 견해일 뿐이니, 너의 안목을 키우는 데 무슨 도움이 되겠는가."

향엄은 위산에게 하직을 고하고 남양(南陽)에 이르러 혜충국사(慧忠國師)의 유적(遺跡)에 머물렀다.

어느 날 풀을 베다가 돌멩이가 튀겨 대나무에 부딪히는 소리를 듣고 홀연히 깨달았다. 급히 돌아와 목욕하고 나서 향을 피우고 멀리 계시는 위산을 향해 절을 올리면서 찬탄했다.

"화상의 큰 자비는 부모의 은혜보다 깊었습니다. 그때 만일 저에게 자세히 말씀해 주셨다면 어찌 지금의 깨달음이 있었겠습니까."

–『경덕전등록(景德傳燈錄)』 제11권, 「향엄지한장(香嚴智閑章)」

임제(臨濟)가 말했다.

"육신 속에 어떤 것에도 걸림 없는 자유인[無位眞人]이 있어 항상 너희들의 눈·귀·코·입을 드나든다.

아직 보지 못한 자는 똑똑히 보아라."

– 『임제록(臨濟錄)』

오조 법연(五祖法演, ?~1104)은 많은 화두(話頭) 가운데 조주(趙州, 778~897)의 '무(無)'자를 수행의 근본으로 삼았고, 대혜 종고(大慧宗杲, 1089~1163)는 천만 가지 의심도 결국은 하나의 큰 의심에 지나지 않고, 화두의 의심이 깨뜨려지면 천만 가지 의심이 일시에 사라진다고 하여 화두와 정면으로 대결할 것을 역설했다.

법연(法演)이 말했다.

"그대들은 도대체 평소에 공부를 어떻게 하고 있는가?

나는 언제나 일편단심으로 오직 '무(無)'자를 참구한다. 너희들 가운데 그것을 일삼을 수 있는 자가 있는가, 없는가?

있다면 누구 하나 여기 나와서 대답해 보라. 나는 너희들이 있다고 말하는 것도, 없다고 말하는 것도 바라지 않는다. 또 있는 것도 아니고 없는 것도 아니라고 말하는 것도 바라지 않는다. 너희들은 무엇이라고 말할 것인가?

자, 이것뿐이다."

─『법연선사어록(法演禪師語錄)』하(下)

대혜(大慧)가 말했다.

"천만 가지 의심도 결국 하나의 의심에 지나지 않는다. 화두의 의심을 꿰뚫으면 천만 가지 의심이 일시에 사라진다. 화두가 꿰뚫어지지 않으면 그것과 정면으로 대결하라. 만약 그 화두를 버리고 따로 의심을 일으키면 이미 악마의 무리 속으로 들어간 것과 같다.

결코 자신에게 주어진 화두를 쉽게 긍정해서는 안 된다. 또 제멋대로 분별해도 안 된다. 오직 모든 의식을 생각이 미치지 않는 곳에 집중시켜, 마치 늙은 쥐가 쇠뿔 속에 들어가 갇히는 것처럼, 마음이 어느 곳으로 달아나지 못하게 하라."

─『대혜보각선사어록(大慧普覺禪師語錄)』제28권

대혜가 말했다.

"만약 빨리 깨달으려면 현재의 의식을 뿌리째 타파해야 한다. 그러나 마음을 가다듬어 의식을 타파하려 하면 안 된다. 마음을 가

다듬어 의식을 타파하는 데 집중한다면, 의식이 타파될 때는 영영 오지 않을 것이다.

일체의 분별심을 버리고 다음의 공안을 참구하라.

어떤 학인이 조주(趙州)에게 '개도 불성이 있습니까?' 하니 조주는 '무(無)'라고 했다.

이 무(無)라는 한 글자야말로 무수한 망상과 분별을 타파하는 몽둥이다. 거기에 어떤 판단을 해서는 안 된다. 그렇다고 해서 아무것도 없는 곳에 내던져 두어도 안 된다. 더구나 의식의 갖가지 작용을 그것이라 해도 안 되고, 책 속에서 그것을 찾으려 해도 안 된다. 오직 일편단심으로, 걸을 때나 머물 때나 앉을 때나 누울 때를 막론하고 항상 그것을 제기하고, 또 거기에 모든 정신을 집중해야 한다."

– 『대혜보각선사어록(大慧普覺禪師語錄)』 제26권

법연에서 비롯되고 대혜에 의해 강화된 '무(無)' 자 수행은 중국 선종의 주류를 이루게 되는데, 이러한 상황은 무문 혜개(無門慧開, 1183~1260)의 『무문관(無門關)』에서 볼 수 있다. 『무문관』은 48칙(則)의 공안을 선별해서 여기에 비평과 게송을 더한 것으로, 제1칙에 '조주구자(趙州狗子)'를 두었다.

어떤 학인이 조주화상에게 물었다.

"개도 불성이 있습니까?"

"무(無)."

무문이 평했다.

참선은 반드시 조사(祖師)의 관문을 뚫어야 하고, 깨달음을 얻으려면 분별심을 완전히 끊어야 한다. 조사의 관문을 뚫지 못하고 분별심을 끊지 못하면 초목에 붙어 있는 혼령과 다름없다.

자, 말해 보라. 어떤 것이 조사의 관문인가?

오직 이 하나의 '무(無)' 자, 이것이 선종 제일의 관문이다. 그래서 이것을 '선종의 무문관'이라 한다.

이 관문을 뚫는 자는 직접 조주를 만나고 역대 조사들과 한 몸이 되어, 같은 눈으로 보고 같은 귀로 듣는다. 이 얼마나 통쾌한 일인가.

이 관문을 뚫고 싶은 자 없는가?

3백6십 뼈마디와 8만4천 털구멍을 총동원해서 온몸이 한 개의 의심 덩어리가 되어, 오직 이 '무' 자만 참구하라.

밤낮으로 끊임없이 참구하라. 이 '무'를 허무(虛無)의 무(無)로 이해해도 안 되고, 유무(有無)의 무(無)로 이해해도 안 된다. 이 '무'

의 참구는 뜨거운 쇳덩이를 삼키고서 토해내려 해도 토해낼 수 없는 것처럼 절박해야 한다.

이제까지의 쓸데없는 앎과 잘못된 깨달음을 다 탕진하고, 오래오래 참구해서 수행이 깊어지면 저절로 '나'와 '무'가 하나로 된다. 그 경지는 벙어리가 꿈꾼 것 같아 오직 자신만 알 뿐 남에게 전할 수 없다.

갑자기 '무(無)'가 폭발하면 하늘을 놀라게 하고 땅을 진동시킨다. 관우 장군의 큰 칼을 빼앗은 듯, 부처를 만나면 부처를 죽이고 조사를 만나면 조사를 죽여 생사의 벼랑에서도 자유자재하고, 어디서 어떻게 살든 걸림 없이 산다.

자, 그러면 어떻게 참구해야 하는가?

온 기력을 다해 오직 '무'가 되라. 그것이 지속되어 끊어지지 않으면 심지에 살짝 불만 대도 바로 불이 붙듯 광명이 찾아온다.

– 『무문관(無門關)』, 「조주구자(趙州狗子)」

'모든 중생은 다 불성이 있다[一切衆生悉有佛性]'고 했는데, 조주는 학인의 물음에 '무(無)'라고 했다. 여기서 선(禪)은 '무' 자에 대한 큰 의심의 응결과 그 타파라는 두 단계로 압축되었다.

이 '무(無)'는 유/무의 무가 아니라 그 2분법이 동시에 용해

된 '무'다. 유/무로 쪼개지기 이전의 '무'이고, 모든 이름과 관념과 영상(映像)이 녹아버린 '무'다. 언어의 망치로 산산조각이 난 '내'가 죽어 그 조각나기 이전으로 회귀해서 다시 살아난 삼라만상의 고향이다.

무문 혜개는 온몸이 한 개의 의심 덩어리가 되어 밤낮으로 절박하게 오직 이 '무' 자만 참구해서 '무' 그 자체가 되는 그때, 천지를 껴안고 천지에 내맡겨 자유자재하게 살아가는 대안심(大安心)이 찾아온다고 했다.

네 가지
한량없는 마음,

자비희사(慈悲喜捨)

그때 세존께서 사위성에서 걸식하여 식사를 하고 나서 기원정사에서 산책하다가 나운(羅雲 : 라홀라)에게 가서 말씀하셨다.

"너는 반드시 들숨과 날숨에 집중하는 수행을 하라. 그것을 닦으면 온갖 근심·걱정이 사라질 것이다.

또 육신은 깨끗하지 못하다는 부정관(不淨觀)을 닦으라. 탐욕이 소멸될 것이다.

나운아, 모든 존재가 행복하기를 바라는 마음[慈心]을 닦으라. 그것을 닦으면 분노가 소멸될 것이다.

나운아, 모든 존재가 고통에서 벗어나기를 바라는 마음[悲心]을 닦으라, 그것을 닦으면 남을 해치려는 마음이 소멸될 것이다.

나운아, 남이 즐거우면 함께 기뻐하려는 마음[喜心]을 닦으라. 그 것을 닦으면 질투하는 마음이 소멸될 것이다.

나운아, 남을 평등하게 대하려는 마음[護心: 捨心]을 닦으라. 그것을 닦으면 교만한 마음이 소멸될 것이다."

– 『증일아함경(增一阿含經)』 제7권, 17 「안반품(安般品)」

세존께서 가섭 보살에게 말씀하셨다.

"선남자야, 보살의 4무량심(無量心)은 진실한 사유이다.

선남자야, 어찌하여 진실한 사유라고 하는가? 모든 번뇌를 끊어 버리기 때문이다.

선남자야, 모든 존재가 행복하기를 바라는 마음[慈心]을 닦으면 탐욕이 끊어지고, 모든 존재가 고통에서 벗어나기를 바라는 마음 [悲心]을 닦으면 분노가 끊어지고, 남이 즐거우면 함께 기뻐하려는 마음[喜心]을 닦으면 즐겁지 않음이 끊어지고, 남을 평등하게 대하려는 마음[捨心]을 닦으면 탐욕과 분노와 중생이라는 생각이 끊어진다. 그래서 진실한 사유라고 한다.

선남자야, 보살마하살의 4무량심은 모든 선근의 근본이다."

– 36권본 『대반열반경(大般涅槃經)』 제14권, 「범행품(梵行品)」

세존께서 말씀하셨다.

"아난아, 내가 이전에 너에게 4무량(無量)을 설했다.

비구는 모든 존재가 행복하기를 바라는 마음[慈心]을 4방·4유·상하에 가득 채운다. 그 마음과 함께하면 번뇌도 없고 원한도 없고 분노도 없고 다툼도 없나니, 지극히 광대하고 한량없이 잘 닦아 모든 세간을 가득 채우고 지낸다.

이와 같이 모든 존재가 고통에서 벗어나기를 바라는 마음[悲心]과 남이 즐거우면 함께 기뻐하려는 마음[喜心]과 남을 평등하게 대하려는 마음[捨心]도 그러하여, 번뇌도 없고 원한도 없고 분노도 없고 다툼도 없나니, 지극히 광대하고 한량없이 잘 닦아 모든 세간을 가득 채우고 지낸다.

아난아, 너는 젊은 비구들에게 이 4무량(無量)을 설하여 그들을 가르쳐야 한다. 만약 젊은 비구들에게 이 4무량(無量)을 설하여 가르치면, 그들은 평온을 얻고 힘을 얻고 즐거움을 얻어, 번뇌의 열기로 뜨거워지지 않고 일생 동안 청정한 행을 닦을 것이다."

- 『중아함경(中阿含經)』 제21권, 「장수왕품(長壽王品)」 설처경(說處經)

그때 세존께서 여러 비구들에게 말씀하셨다.

"옛날에 어떤 광대가 어깨 위에 깃대를 세우고 제자에게 말했다.

'너는 깃대에 올라가 아래에 있는 나를 보호하라. 나 또한 너를 보호할 것이다. 이렇게 서로 보호하면서 여러 곳에서 재주를 부리면 많은 재물을 벌 것이다.'

그때 제자가 말했다.

'그렇게 하지 말고, 각자 자기를 소중히 보호하면 아무런 사고 없이 땅에 내려올 수 있을 겁니다.'

그러자 스승이 말했다.

'너의 말대로 각자 자기를 소중히 보호하자. 그런데 그 이치는 내가 말한 것과 마찬가지다. 자기를 보호할 때 그것은 곧 남을 보호하는 것이고, 남을 보호할 때 그것 또한 자기를 보호하는 것이다. 마음으로 서로 친근하고 서로 닦아 익히고 보호해서 숙련되면, 이것을 자기를 보호하고 남을 보호하는 것이라 한다.

어떻게 남을 보호하고 자기를 보호하는가?

남을 두려워하지 않고 남과 등지지 않으며 남을 해치지 않고 인자한 마음으로 남을 가엾이 여기면, 이것을 남을 보호하고 자기를 보호하는 것이라 한다.'"

– 『잡아함경(雜阿含經)』 제24권, 제15경

모든 존재가 행복하기를 바라는 자(慈), 모든 존재가 고통에서 벗어나기를 바라는 비(悲), 남이 즐거우면 함께 기뻐하려는 회(喜), 남을 평등하게 대하려는 사(捨)가 '자기를 보호하고 남을 보호하는 것[自護護他]'이고, '남을 보호하고 자기를 보호하는 것[護他自護]'이다.

왜 자비희사(慈悲喜捨)를 닦는가?

그것으로 탐욕과 분노와 남을 해치려는 마음과 미워하는 마음이 사라져 집착하지도 않고 싫어하지도 않아, 마음을 평온에 이르게 하기 때문이다. 따라서 한량없는 중생에게 일으키는 자비희사, 즉 4무량심(無量心)은 자신을 돌보고 남을 돌보는 일이다.

왜 자비희사하기를 기원하는가?

바로 자신을 위하는 길이기 때문이다.

자신을 소중히 여기고 사랑하고 치유하는 길은, 스스로를 질책하거나 개선하려는 일을 그만두고, 자비심으로 자신을 너그럽게 용서하고 친절하게 돌보고 보살피는 것이다.

자신에게 가장 소중한 시간은 '지금 이 순간'이고, 가장 소중한 사람은 '자신을 가장 염려해주는 사람'이고, 가장 보고 싶은 얼굴은 '자신을 가장 편하게 해주는 사람'이고, 가장 소중한 일은 '자신이 좋아해서 몰두하는 일'이고, 가장 큰 문제는 '생각이 너무 많다'는 것이다.

탐욕이나 분노를 일으키고, 남을 해치려는 마음이나 미워하는 마음을 일으킨 결과는 결국 자기 자신에게 돌아와 마음의 상처로 남는다. 헌데 남의 불행을 보고 쾌감을 느끼고, 남의 행복에 배 아파하는 인간이 허다하니, 인간이란 만물의 영장이 아니라 자기 자신을 갉아먹고, 생존에 불리한 짓을 스스로 저지르면서 괴로움 속에 살다가 소멸해가는 슬픈 동물이다.

자신을 소중히 여기는 게 남을 소중히 여기는 일이고, 남을 소중히 여기는 게 자신을 소중히 여기는 일이다. 자신을 소중히 여기는 일은 자신을 책망하지 않고 너그럽게 감싸주고 정답고 따뜻하게 보살피는 데서 시작한다. 자신을 책망하는 것은 자신에 대한 분노이자 저항이며 학대이다. 누구나 결함이나 허물이 있기 마련인데, 그것을 껴안아 용서하지 않고 싸우기를 계속하면, 자신은 긴장 속에서 분열되고 자책의 감옥에 갇혀서 자신의 결함이나 허물에 더욱 더 민감해져 결국 자학에 이르게 된다.

마찬가지로 남들의 결함이나 허물을 그냥 그대로 받아들이지 않고 충고하거나 질책하는 건 그야말로 아만(我慢)이고 우월감이어서, 자신과 남들의 관계에서 분노와 갈등을 일으키고 상처만 남길 뿐 나아지는 건 아무것도 없다. 상대방을 충고해서 바꾸려는 것은 그야말로 어리석은 짓이다.

인간은 누구나 자신의 행동이나 생각을 바꾸거나 고치지 않는다. 자신의 생각이나 행동 양식을 조금만 바꾸면 본인도 편하고 남도 편할 텐데 결코 그렇게 하지 않는다. 그 생각이나 행동이 생존에 불리하게 작용하더라도 바꾸거나 버리지 않는다. 왜냐하면 인간은 익숙한 데에 중독되어 있어서 익숙하지 않는 데에는 자신도 모르게 저항하거나 회피하기 때문이다. 그만큼 습성은 끈질기고 견고해서 평생 껴안고 살다가 죽을 때 내려놓는다.

열심히 일하는 사람에게 일하지 말라고 하면 그는 괴롭고, 일하지 않는 사람에게 일하라고 하면 그 또한 괴롭다. 나쁜 짓을 하라고 해도 하지 못하는 사람이 있는가 하면, 나쁜 짓을 하지 말라고 하면 되레 화내는 사람도 있다. 그냥 놔두면 제 갈 길 간다.

자신은 어떠어떠해야 하고, 어떻게 되어야 하며, 또 뭔가를 개선해야 한다는 생각이 자신을 쇠사슬에 옭아매는 일이다. 이러지도 저러지도 말고 그냥 놔두는 게 자신에 대한 배려이다. 자신에 대한 배려가 곧 남에 대한 배려이고, 남을 배려하지 않는 사람은 자신도 배려하지 못하는 법이다.

'텅 빈 마음'이란 온갖 감정을 떠난 게 아니라 어떤 감정이든지 편안히 받아들일 수 있는 공간이 마련된 상태이다. 풀잎 하나도 똑같은 게 없듯이, 사람마다 감정이 다 다르므로 그냥 받아들여 용해시키지 않고 좋은 감정에 애착하고 나쁜 감정과 충돌하는 한, 결코 마음을 비운 상태에 이르지 못한다.

마음을 쉬려면 이것도 저것도 다 내다버리고 2분법적 사고가 일어나기 이전으로 돌아가야 하는데, 이것에 집착하고 저것을 회피하는 한 결코 그곳으로 회귀하지 못한다. 헌데 '좋은 것/나쁜 것'은 괜히 일으킨 분별일 뿐, 그것은 애당초 있지도 않았다.

불교의 계(戒)에는 5계(戒)·10계·10선계(善戒)를 비롯해서 비구계·비구니계 등이 있는데, 그 많은 계(戒)의 뿌리는 '남을 해치지 마라'이다. 이 규범을 지키려는 게 자비희사이고, 또 남들과의 '관계'에서 자신의 마음을 닦는 수행이다. 자비희사를 닦는 수행자는 온 천지를 자비희사로 가득 채우고, 걸어가고 머물고 앉고 눕는다. 이 수행을 지속하면 자비희사가 점점 몸에 배어들어 평온이 찾아올 것이다.

지금
이 순간

그때 천자(天子)가 게송으로 붓다에게 여쭈었다.

한적한 곳에 머물면서

청정한 수행을 하는 비구는

하루 한 끼만 먹는데도

어찌 얼굴빛이 그리도 환합니까?

붓다께서 게송으로 대답하셨다.

과거의 일을 근심하지 않고

미래를 기대하지 않고

현재의 일에 따라

바른 지혜로 알아차리기를 확립하고

먹을 때도 알아차리기 때문에

얼굴빛이 항상 산뜻하다네.

미래로 마음이 달려가 생각하고

과거를 돌아보고 근심하고 뉘우치며

어리석음의 불로 자신을 태우는 건

마치 우박이 풀을 쓰러뜨리는 것과 같으리.

- 『잡아함경(雜阿含經)』 제36권 제3경

삶은 '지금 이 순간'이다. 현실은 바로 지금 이 순간이고, 지금 이 순간 밖은 모두 허구이고 망상이고 환상이다. 지금 이 순간에 있지 않는 것, 이게 상상과 허상에 휘둘리는 단 한 가지 이유다.

지금 이 순간에는 과거와 미래가 없고, 시간이 없다. 시간이 없기 때문에 지금 이 순간은 '영원한 지금 이 순간'이다. '영원'

은 끝없이 이어지는 어떤 상태가 아니라 시작도 없고 끝도 없는 지금 이 순간이다.

헌데 마음은 떠돌아다니는 게 속성이어서 지금 이 순간에 머물지 않고 항상 어디론가 간다. 과거의 일이 떠올라 괴로워하고, 미래의 일을 걱정하느라 지금 이 순간에 머물지 못한다. 과거가 좋은 게 딱 하나 있다. 연극이 이미 끝났다는 것이다. 미래의 일에 대해 자신이 할 수 있는 건 할 수 있기 때문에 당연히 걱정할 게 없고, 자신이 할 수 없는 건 걱정해봐야 어찌할 수 없지 않은가. 걱정해봐야 아무 소용없으니, 그냥 인연에 내맡겨 버릴 수밖에 없지 않은가.

몸은 지금 여기에 있는데, 마음은 지금 여기를 떠나 온갖 곳에 가서 별의별 망상을 다 일으킨다. 지나간 과거와 아직 오지 않은 미래에 파묻혀 '지금'이 죽어가는 것을 보지 못한다. 후회와 원망, 불안과 두려움과 걱정 등은 항상 과거나 미래에 있기 때문에 과거와 미래가 없는 지금 이 순간에는 그런 게 없다.

지금 이 순간을 소중히 여기고, 지금 이 순간에 감사하고 헌신할 수만 있다면, 지금 이 순간에 머무는 데 익숙해질 것이다. 그런데 보통 지금 이 순간은 과거를 지나 잠깐뿐이고 순식간에 미래로 나아간다고 생각하기 때문에 지금 이 순간을 포착하지 못하고 과거나 미래로 떠돈다. '지금'의 회피와 상실이다.

그러나 지금 이 순간 밖에서 숨 쉴 수 없고, 지금 이 순간 밖에서 창공을 볼 수도 없고, 빗소리를 들을 수도 없고, 꽃향기를 맡을 수도 없고, 음식을 맛볼 수도 없다. 지금 이 순간 밖에는 어떤 삶도 없다. 그래서 임제(臨齊)는 '바로 지금 여기일 뿐, 다른 시절은 없다[直是現今 更無時節].'고 했고, 함허(涵虛)는 '천겁이 지나도 옛날이 아니고, 만세에 뻗쳐 있어도 항상 지금이다[歷千劫而不古 亘萬歲而長今].'라고 했다. 지금은 뭔가 미흡하고 미래에는 흡족할 거라고 기대한다면, 그건 삶을 놓쳐버린 망상이다.

지금 여기에 있는 자신의 현 상태는 한량없는 인연의 결과이므로 자신의 의지로 그 무엇을 보탤 수도 뺄 수도 없다. 그 인연의 결과에 저항하는 건 그야말로 소용없는 저항이어서 그 저항은 호흡에 저항하는 것과 같다. 따라서 자신의 현 상태는 자연의 흐름 그 자체이다.

지금은 뭔가 부족하다고 생각한다면 아무리 많이 가져도 죽을 때까지 부족하다. 지금을 벗어나 미래에는 뭔가 좀 나아질 거라고 기대하는 건 좋지만, 그러면 그 소중한 '지금'은 항상 불행 속에 묻힌다. 언젠가는 행복할 거라고만 생각한다면, 지금은 항상 불행할 수밖에 없고, 그러면 평생 행복을 만나지 못하게 된다.

어제에 매달리거나 내일을 기대하지 않고, 지금 여기서 하고 있는 일 그 자체가 삶이다. 오늘을 내일로 가는 수단으로 생각하는 한, 지금 여기에 집중하지 못한다. 어제와 내일은 허상이고 망상이지만, '오늘 지금 이 순간'은 실제이고 현실이고 현존(現存)이다.

과거에 한 일을 자책하고 미래의 환상을 쫓아다니면 지금 여기는 없고, 과거가 죽지 않고 미래가 소멸되지 않으면 지금 이 순간에 머물지 못한다. 과거가 끊어지지 않고, 미래가 소멸되지 않으면 현존할 수 없고, 현존하지 않는 삶은 허구다.

과거와 미래에 마음을 빼앗기면 지금의 상황과 지금 가지고 있는 것들의 소중함과 고마움을 알지 못한다. 과거와 미래가 끊어지고, '지금' 보이고 들리는 것에만 관심 있는 '단순한 인간', 그만이 편하게 살고 편하게 죽는다.

과거는 너덜너덜하고 희미한 영상에 지나지 않고, 미래는 불확실한 영상에 불과하지만, 지금 이 순간은 보고 듣고 냄새 맡고 맛보고 감촉하는 그 자체여서 어떤 영상도 끼어들 수 없으니, 괴로움도 불안도 갈등도 있을 수 없다.

과거의 일을 떠올리는 허상은 과거에 겪은 경험의 흔적이고,

155
지금 이 순간

미래의 일을 추측하는 상상은 그 흔적을 바탕으로 해서 꾸며내는 드라마다. 그런데 과거에 겪은 경험의 흔적에 집착하고 얽매이기 때문에 온갖 갈등과 회한이 일어나고, 그 흔적을 바탕으로 해서 이야기를 꾸미기 때문에 불안과 두려움에 갇히게 된다.

'나'에 대한 집착은 5온(蘊)에 대한 집착이고, 과거에 겪은 경험의 흔적에 대한 집착이다. 그러나 5온은 무상·고·무아이고, 과거의 흔적들은 허망한 영상일 뿐이다.

생각의 굴레에서 벗어날 수 있는 때는 지금 이 순간뿐이다. 삶이 고단한 것은 지금 하고 있는 일에 집중하지 못하고, 생각이 과거나 미래로 떠돌기 때문이다. '지금 여기'를 떠난 생각의 화면은 모두 상상이고 허상이다. 과거나 미래에 대한 생각이 곧 속박이고, 과거와 미래가 없는 지금 이 순간이 해탈이다.

생각은 바람과 같아서 항상 어디론가 간다. 생각이 일어나면 그것을 어떠한 판단이나 통제를 하지 않고 지속적으로 알아차리고(ⓟ sati, 念) 지켜보기만 하는 게 불교 수행의 바탕이다.

여기서 '판단하지 않는다'는 '좋다/싫다' 등의 분별을 하지 않는다는 뜻이고, 분별한다는 것은 감정이 개입되었다는 뜻이다. '좋다/싫다' 등의 분별을 하면 좋은 것에는 탐욕이 생겨 집착하게 되고, 싫은 것에는 분노하게 된다. '통제하지 않는다'는 생각이 일어나면 거기에 저항해서 없애려거나 바꾸려고 애쓰지 않고 그대로 수용하고 허용한다는 뜻이다. 분별하고 통제하려거나 저항하면 생각과 싸우게 되고, 그 싸움이 불안과 갈등과 긴장의 원인이 된다. '지켜보기만 한다'는 그 생각에 휘둘리지 않고 한 발짝 물러나 관조한다는 뜻이다.

알아차리기는 지금 이 순간에 벌어지고 있는 일에만 집중하는 것이고, 온갖 생각에 끌려 다니지 않고, 매 순간 '지금 이것'에 초점을 맞추는 것이다. 알아차릴 때, 적어도 그 순간만은 현존(現存)하게 된다.

호흡에 집중하는 것도 지금 이 순간에 현존하는 또 하나의 방법이다. 호흡에는 과거도 없고 미래도 없고, 오직 지금 이 순간만 있기 때문이다. 우리가 호흡할 때 들숨과 날숨 사이에 숨을 잠깐 멈추는데, 호흡에 집중할 때는 들숨과 날숨의 길이를 동일하게 유지하면서 들숨과 날숨 사이에 멈춤을 두지 말고 계속 부드럽게 이어주기만 하면 된다. 의식적으로 들숨과 날숨을 이어주는 데만 집중할 때 자신은 저절로 지금 이 순간에 현존하게 된다.

생각은 자신의 의지와 관계없이 그냥 떠오른다. 그러나 생각을 제거하려고 애쓰면 애쓸수록 생각 속에 더욱 더 빠지게 된다. 날개 달린 생각이 과거와 미래로 떠돌아다니면 곧바로 알아차리고 '지금 이것'에 집중하고, 부정적인 생각이 떠오르면 그 생각을 어떻게 하려고 애쓰지 않고, 일정한 거리를 두고 그냥 가만히 지켜보기만 하는 게 명상이다. 그 생각에 저항하지 않고 그냥 지켜보기를 지속할 수만 있다면, 아무리 강렬한 부정적인 생각일지라도 산소가 없으면 불이 꺼지듯이 그 생각이 저절로 사그라질 것이다.

생각이 과거와 미래로 떠돌아다니더라도 그 생각에 저항해서는 안 된다. 저항하면 자신과 싸우게 되어 긴장과 불안은 끝나지 않는다. 저항을 알아차리는 것이야말로 저항의 해소이다. 생각이 떠돌아다닌다는 것을 알아차렸기 때문에 지금 이 순간에 집중할 수 있는 것이다.

'지금 이것'에 집중하기를 반복해가면, 밥 먹을 때는 밥만 먹고, 설거지할 때는 설거지만 하고, 청소할 때는 청소만 하는 '단순한 바보'가 되어 추구와 회피도 모르고 좋음과 싫음도 모르고 삶과 죽음도 모른 채 그냥 살게 되는 날이 온다.

원(源) 율사가 대주(大珠)에게 물었다.

"화상께서도 도를 닦으실 때 노력합니까?"

"노력한다."

"어떻게 노력합니까?"

"배고프면 밥 먹고, 피곤하면 잔다."

"모든 사람이 다 그러하니, 화상과 똑같지 않습니까?"

"똑같지 않다."

"왜 똑같지 않습니까?"

"그들은 밥 먹을 때 그냥 밥만 먹지 않고 별의별 생각을 다 하고, 잠잘 때도 그냥 잠만 자지 않고 온갖 망상을 일으키기 때문에 똑같지 않다."

율사는 말문이 막혔다.

　- 『경덕전등록(景德傳燈錄)』 제6권, 「대주혜해장(大珠慧海章)」

　지금 이 순간에 일어나고 사라지는 현상을 있는 그대로 보는 게 현존이다. 과거의 경험과 선입견을 통째로 현재에 덮어 버리면, 지금 눈앞에 펼쳐져 있는 모습을 있는 그대로 보지 못한다. 자신의 색안경으로 대상을 채색하지도 분별하지도 않고, 과거와 미래로 떠도는 생각을 버리고 아무런 판단 없이 '지금 이것'에 집중하는 것만이 삶의 현장이다. 삶이 '지금 이 순간'이라면 기쁨도 '지금 여기'에 있지 않은가.

지나온 세월을 꿈같다고 해도 미래는 꿈같을 거라고 여기지 않지만, 과거도 꿈이고 미래도 꿈이다. 지금 이 순간만이 실재이고 현실이다. 지금 이 현실을 있는 그대로 완전히 받아들이고, 거기에 대책 없이 내맡겨 '자아'가 소멸되어 버린 게 안주(安住)이다.

과거의 일은 이미 지나가버렸으니 생각하지 않으면 과거의 마음이 저절로 끊어져 과거의 일이 없다고 하고, 미래의 일은 아직 오지 않았으니 원하지도 않고 구하지도 않으면 미래의 마음이 저절로 끊어져 미래의 일이 없다고 하고, 현재의 일은 이미 현재이니 온갖 일에 집착할 게 없는 줄 알 뿐이다. 집착하지 않는다는 건 미워하거나 사랑하는 마음을 일으키지 않는 것이다. 집착하지 않으면 현재의 마음이 저절로 끊어져 현재의 일이 없다고 한다.

－『돈오입도요문론(頓悟入道要門論)』

마음

마음이란 무엇인가?

마음은 〈지각(知覺) + 영상(映像, image) + 언어(言語) + 감정(感情) + 에고(ego) + 과거의 경험들이 저장된 심층의 잠재력〉의 상호 작용이라고 요약할 수 있다.

'지각'은 감각 기관으로 바깥 대상을 인식하는 작용이다.

'영상'은 감각 기관의 자극 없이 머릿속에 떠오르는 과거나 미래의 갖가지 모습으로, 상상과 허상이다. 즉, 머릿속에 떠오르는 화면이다.

'언어'는 마음의 요소들을 연결시키면서 대상을 2분화(分化)

하여 분열시킨다.

'감정'은 '좋다/싫다', '아름답다/추하다', '즐겁다/괴롭다' 등의 온갖 느낌이다.

'에고'는 유식학의 말나식(末那識)이고, '과거의 경험이 저장된 심층의 잠재력'은 아뢰야식(阿賴耶識)에 해당한다.

마음은 지각과 영상 없이도 작용하는데, '자유를 사랑한다', '평등을 주장한다', '믿음이 중요하다' 등과 같이 추상 언어로 사유할 때이다.

마음의 작용이 언어의 그물에 걸리지 않으면, 그 작용은 언어로 표현할 수 없다. 마음의 작용이 언어의 그물에 걸렸다는 것은 마음이 2분화되었다는 뜻이고, 언어로 표현할 수 없다는 것은 2분화되지 않았다는 뜻이다. 후자는 심층에 잠재하고 있는 마음의 측면이다. 2분화는 언어의 결함이 아니라 언어의 본질이다.

마음의 작용이 언어의 그물에 걸리면 '생각'이라 하고, 생각이 곧 2분화이고 분별이다. 생각은 마음의 대부분을 차지하는데, 심층에 잠재하고 있는 마음의 측면은 어떤 계기가 있지 않으면 생각으로 떠오르지 않는다.

중생의 마음은 에고(ego)를 바탕으로 2분화되어, 한쪽을 회피하고 다른 한쪽을 추구하여 마치 시계의 추처럼 그 양쪽을 끊임없이 왕복하므로 항상 불안정하다. 그 추는 탐욕과 집착을 가득 실은 채 왔다 갔다 한다.

마음은 바깥 대상을 있는 그대로 직관하는 게 아니라 자신의 선입견과 생각과 감정 등으로 그 대상을 채색하고 비교하고 2분법으로 지각한다. 채색하는 종류와 양이 많을수록 번뇌가 많고 분열이 심하다.

마음은 바람처럼 움직이는 게 속성이어서 '지금 이 순간'에 머물지 않고 항상 어디론가 가서 상상을 일으킨다.

따라서 중생의 마음 작용은 요동이고, 내면의 소음이고 수다이다.

이 마음의 작용을 세밀하게 고찰하고 분석한 분야가 유식학(唯識學)이다. 식(識)은 ⑤ vijñapti의 번역으로 '마음 작용'이라는 뜻이다. 유식학의 핵심 텍스트는 세친(世親, ⑤ vasubandhu, 4~5세기)이 유식의 요점을 30개의 게송으로 밝힌 『유식삼십론송(唯識三十論頌)』이고, 마음의 작용을 여덟 가지로 분류했다.

전5식(前五識) ─ ① 안식(眼識)

② 이식(耳識)

③ 비식(鼻識)

④ 설식(舌識)

⑤ 신식(身識)

제6식　⑥ 의식(意識)

제7식　⑦ 말나식(末那識)

제8식　⑧ 아뢰야식(阿賴耶識)

안식에서 신식까지의 다섯 가지를 묶어서 전5식(前五識)이라
하고, 의식을 제6식, 말나식을 제7식, 아뢰야식을 제8식이라 한
다.

전5식은 안(眼)·이(耳)·비(鼻)·설(舌)·신(身)의 감각 기관으로
각각 색(色)·성(聲)·향(香)·미(味)·촉(觸)의 대상을 지각하는 마음
작용이다.

제6 의식(意識)은 의식 기능[意]으로 의식 대상[法]을 인식하
는 마음 작용으로, 전5식과 말나식과 아뢰야식의 영향을 받아
지각과 인식이 일어나는 곳이다.

제7 말나식(末那識)의 말나(末那)는 ⑤ manas의 음사이고, '의

(意)'라고 번역한다. 끊임없이 분별하고 생각하고 비교하고 헤아리는 마음 작용으로, 아치(我癡)·아견(我見)·아만(我慢)·아애(我愛)의 네 번뇌와 '항상' 함께 일어나는 자아 의식이다.

제8 아뢰야식(阿賴耶識)의 아뢰야(阿賴耶)는 ⓢ ālaya의 음사로, '저장'을 뜻한다. 그래서 '장식(藏識)'이라 한다. 과거에 겪은 인식·행위·경험·학습 등을 저장하고 있는 마음 작용으로, 심층에 잠재하고 있다. 과거의 경험들이 아뢰야식에 잠복 상태로 저장되어 있는 잠재력을 종자(種子, ⓢ bīja) 또는 습기(習氣, ⓢ vāsanā)라고 한다.

전5식과 의식과 말나식은 아뢰야식에 의지해서 일어나지만, 그들이 작용한 결과는 아뢰야식에 종자로 저장된다.

5식은 근본식(아뢰야식)에 의지해서
조건에 따라 일어난다.
어느 때는 함께 일어나고 어느 때는 함께 일어나지 않는데
이는 파도가 물에 의지하는 것과 같다.

– 『유식삼십론송(唯識三十論頌)』 제15송

전5식은 말나식과 아뢰야식의 영향을 받기 때문에 바깥

대상을 있는 그대로 파악하지 못하고 즉각 그 대상을 자동적으로 채색해서 자기 나름대로 지각한다. 즉, 전5식은 말나식과 아뢰야식이라는 색안경을 통해 대상을 지각한다. '있는 그대로 본다'는 것은 말나식과 아뢰야식의 작용이 끊어진, 즉 그 색안경을 벗고 대상을 직관한다는 뜻이다.

여기서 '채색한다'는 말은 자신의 선입견이나 감정으로 그 대상을 덮어씌운다는 뜻이다. 이 채색은 자동적으로 일어난다. 그러니까 채색한다는 것은 자신의 선입견이나 감정이 그 대상에 개입되었다는 뜻이다. 사람마다 선입견이나 감정이 다 다르기 때문에 채색하는 종류와 정도가 다 다를 수밖에 없다. 눈에 씐 콩깍지도 다 다르고, 색안경의 종류와 농도도 다 다르다. 이것은 심층에 잠재하고 있는 아뢰야식이 다 다르기 때문이다.

이와 같이 모든 현상을 채색하기 때문에 자기 나름대로 '좋다/싫다', '아름답다/추하다', '깨끗하다/더럽다' 등의 갖가지 분별을 일으켜, 좋은 것에는 집착하고 싫은 것에는 분노하여 끝없이 갈등을 일으킨다.

의식은 항상 일어난다.

마음의 작용이 소멸된 경지와

무심(無心)의 두 선정과

잠잘 때와 기절했을 때는 제외한다.

- 『유식삼십론송(唯識三十論頌)』 제16송

제6 의식의 내용은 말나식과 아뢰야식이 전5식을 거쳐서 의식에 작용하거나 그 두 식이 직접 의식에 작용한 결과이다. 전자의 내용은 지금 바깥에 있는 대상을 자신의 색안경으로 채색한 지각이고, 후자의 내용은 과거의 어떤 일을 떠올리는 허상이거나 미래에 대한 상상이다.

전자는 지금 여기에 실제로 존재하는 바깥 대상에 대한 채색된 지각으로, 지금 바깥에 있는 대상을 '좋다/나쁘다', '아름답다/추하다', '깨끗하다/더럽다' 등과 같이 자신의 색안경으로 분별하는 경우이다. 후자는 지금 여기의 바깥 대상 없이 떠오르는 상상으로, 과거나 미래에 대한 이런저런 생각의 화면이 내면에서 떠오르는 경우이다. 전자는 현재에서 일어나고, 후자는 과거나 미래로 가서 일어난다.

예를 들면, 전자는 한 남자가 지금 어떤 여자를 보고 '예쁘다'고 하는 채색된 지각이고, 후자는 한 남자가 옛 애인의 얼굴을 떠올리는 상상이다. 물론 이 상상도 채색된 영상이다. 전자는 어떤 사람이 지금 직접 어떤 현상을 지각하는 경우이고, 후자는 그 사람이 그 현상을 직접 지각하고 나서 나중에 그 현상을 떠올리는 경우이다. 욕설을 듣고 나중에 그것을 떠올리고, 어떤 냄새를 맡고 나중에 그것을 떠올리고, 어떤 음식을 먹고 나중에 그것을 떠올리고, 어떤 것을 만져보고 나중에 그것을 떠올리는 것이다.

중생이 괴로움에 시달리는 것은, 채색된 지각 때문이기도 하지만 그보다 더 큰 원인은 '지금 이 순간'에 머물지 못하고 이미 지나가버린 과거의 일을 떠올려 거기에 얽매이고, 아직 오지도 않은 미래의 일을 떠올려 거기에 사로잡히기 때문이다.

사람마다 상상이 다 다르고, 어떤 현상을 보는 사람마다 생각과 느낌이 제각각인 것은 말나식과 아뢰야식이 다 다르기 때문이다.

그러나 위의 게송에서 밝혔듯이 '마음의 작용이 소멸된 경지'와 '무심'의 선정에서는 말나식과 아뢰야식의 영향을 받지 않는다.

다음은 두 번째 마음 작용이다.

이것을 말나식(末那識)이라 하고

그것(아뢰야식)에 의지해서 일어나고 작용한다.

생각하고 헤아리고 따지는 것을 본질로 삼는다.

－『유식삼십론송(唯識三十論頌)』 제5송

네 가지 번뇌와 항상 함께하는데

곧 아치(我癡)와 아견(我見)과

아만(我慢)과 아애(我愛)이다.

그 외에 감촉 등과도 함께한다.

－『유식삼십론송(唯識三十論頌)』 제6송

선도 악도 아니지만 수행에 방해가 되는 번뇌이고

생존 상태에 따라 얽매인다.

아라한(阿羅漢)과 멸진정(滅盡定)과

출세간도(出世間道)에서는 (말나식이) 작용하지 않는다.

－『유식삼십론송(唯識三十論頌)』 제7송

위의 게송에서 '다음은 두 번째 마음 작용이다.'라는 말은,
앞의 게송에서 아뢰야식에 대해 언급했고, 두 번째로 말나식에
대해 언급한다는 뜻이다.

말나식은 아뢰야식에 의지해서 일어나기 때문에 과거의 경험과 함께하고, 생각하고 헤아리고 비교하고 따지는 것이 본질이다. 말나식은 자신에 대해 어리석은 아치(我癡), 자신을 독립적인 존재라고 착각하는 아견(我見), 자신을 높이고 남을 낮추는 아만(我慢), 자신만 아끼고 소중히 여기는 아애(我愛)의 네 번뇌와 '항상' 함께 일어나고, 거기에 끝없이 집착하기 때문에 '에고'의 본바탕이다.

그래서 수행자는 말나식이 일어나면 그것을 곧바로 알아차리고 즉각적으로 반응하기 전에 잠깐 '틈'을 가져야 한다. 이 틈이 에고를 약화시키는 길이다. 예를 들어 화가 치밀거나 남에게 저항하려는 충동이 일어날 때, 그것을 즉각 알아차리고 잠깐 틈을 가지면 그 충동이 누그러진다. 알아차리기(ⓟ sati)가 없으면 그 충동을 자각할 수도 없고, 틈을 가질 수도 없다. 그래서 불교의 수행은 알아차리기에서 시작한다. 이 틈을 거듭 반복해서 가져 네 번뇌를 시들게 하는 게 무아(無我)에 이르는 과정이다.

그러니까 상상에 휘둘리지 않고, 자신의 선입견이나 감정으로 대상을 채색하지 않는 것도 마음의 소음을 줄이는 길이지만, 그보다 더 중요한 건 말나식이 일어날 때마다 바로 즉각 알아차려서 그야말로 잠깐의 틈을 거듭 가지는 게 말나식을 약화시켜 나가는 수행이다.

말나식은 에고의 본바탕이고, 이 에고가 번뇌를 일으키는 근원이다. 에고는 자신을 드러내고 내세우려는 마음의 소음이다. 열반에 이르는 데 장애가 되는 가장 근본적인 번뇌인 탐욕과 분노와 어리석음도 에고를 바탕으로 해서 일어나고, 괴로움의 원인인 갈애(渴愛)도 에고에서 일어난다. 그래서 말나식이 일어나자마자 자동으로 반응하기 전에 한순간의 틈을 가지는 수행을 계속해 나가면 '나'라는 생각이 가라앉고, 갈애와 분노와 번뇌가 점점 잦아들고 꺼져간다.

위의 게송에서 밝혔듯이, 모든 번뇌를 완전히 끊어 열반을 성취한 아라한, 모든 마음의 작용이 소멸된 멸진정, 모든 번뇌를 떠난 출세간도에서는 말나식이 일어나지 않는다.

이것(아뢰야식)은 선도 악도 아니고
그 작용도 또한 그러하다.
항상 유전(流轉)하는 것이 급류 같고
아라한의 경지에서 멈춘다.
－『유식삼십론송(唯識三十論頌)』 제4송

아뢰야식은 너무나 미세하고 마음의 심층에 잠복된 상태에서 움직이기 때문에 감지할 수 없다. 그런데 잠복 상태에 있는 아뢰야식의 종자가 어떤 자극으로 의식에 떠오르면 탐욕·분노·고락·선악 등으로 나타난다. 비유하면 무슨 씨앗인지 잘 구별 되지 않는 좁쌀 같은 갖가지 씨앗이 바구니에 가득 담겨 있는데, 그 하나를 집어내어 물을 주면 싹이 돋아나 그 본색을 드러내는 것과 같다.

그래서 수행자는 갖가지 번뇌가 일어날 때 즉각 알아차려서 그것에 휘둘리지 않고 그냥 주시하기만 함으로써, 즉 그 번뇌의 종자에 물을 주지 않음으로써 그 종자의 잠재력을 약화시킨다. 이런 통찰(ⓟ vipassanā)을 계속 반복하게 되면 그 종자는 말라 죽게 되는데, 그 온갖 종자가 다 말라 죽은 경지에 이른 성자가 아라한이다.

그러니까 말나식과 아뢰야식의 영향을 받는 마음이 중생의 마음이고, 그 두 식의 작용이 소멸된 마음이 부처의 마음이다. 후자의 마음은 에고가 소멸되었고, '지금 이 순간'에 머물고, 2분화의 양쪽을 오락가락하지 않고, 상상과 허상이 일어나지 않고, 대상을 채색하지 않고, 있는 그대로 직관하는 상태이다. 이것을 '부처의 성품', '본래 성품', '청정한 본성'이라 한다.

흔히 마음을 거울에 비유하는데 거울과 마음이 다른 건, 거울에는 대상이 있는 그대로 비치지만 마음에 맺히는 대상은 있는 그대로의 대상이 아니라 자신이 이전부터 지니고 있는 온갖 고착 관념과 감정으로 채색된 대상이다. 사람마다 견해와 감정이 다 다르므로 그 채색하는 성질과 정도도 다를 수밖에 없다.

우리가 살아가면서 가치와 믿음과 감정 등에 대해 서로 다투는 건, 사람마다 채색하는 종류와 양이 다 다른 데도 불구하고, 자신이 채색한 종류와 양이 최고라고 우기는 데 지나지 않는다. 어떤 사람에 대한 평가도 사람마다 제각각일 수밖에 없고, 꽃·나무·산·구름 등의 자연 현상을 바라보는 시각도 제각각이고, 그림·음악·건축물 등에 대해서도 마찬가지다. 여기에 옳음과 그름의 기준은 있을 수가 없다.

'일체유심조(一切唯心造)', 즉 '모든 것은 오직 마음이 지어낸 것이다'라는 말은, 상상·허상과 전5식의 채색은 모두 마음이 지어낸 것이라는 뜻이지, 전5식의 대상 그 자체도 마음이 지어낸 것이라는 뜻은 아니다.

흔히 유식학의 요점을 '유식무경(唯識無境)'이라 한다. 즉, '오직 마음 작용뿐이고 대상은 없다'는 뜻이다. 그러나 전5식의 대상[境] 자체마저 부정해서는 안 된다. 왜냐하면 전5식은 감각 기관으로 지금 여기에 실제로 존재하는 바깥 대상, 즉 색(色)·성(聲)·향(香)·미(味)·촉(觸)을 지각하기 때문이다. 단, 전5식은 말나식과 아뢰야식에 의지해서 일어나기 때문에 그 대상을 있는 그대로 지각하지 못하고 채색한다.

어떤 지각 작용이든 세 가지 요소가 필요하다. 첫째는 감각 기관이고, 둘째는 바깥 대상, 즉 색·성·향·미·촉이고, 셋째는 감각 기관으로부터 받은 신호들을 정리하고 해석하는 지각 작용이다. 따라서 전5식의 대상 자체를 부정하면 지각 작용이 성립하지 않는다.

'무경(無境)'에서 부정하는 대상[境]은 상상·허상이라는 대상과 전5식이 채색한 대상이다. 그 대상은 허구이다. 그 대상은 객관적으로 실재하는 게 아니라 모두 마음이 지어낸 것이다.

따라서 중생의 마음에 떠오르는 모든 현상은 온갖 분별에 의한 상상·허상이므로 허구이고, 지각한 현상은 자신의 말나식과 아뢰야식이라는 색안경으로 채색한 대상이므로 그 대상은 '있는 그대로의 모습'이 아니다.

'있는 그대로의 모습'은 중생의 마음 밖에 있고, 그 마음에는 상상과 허상, 채색되고 왜곡된 지각, 그리고 개념들뿐이므로 '일체유심조(一切唯心造)'이다. 그것들은 모두 마음이 지어낸 것이다. 그러니까 이미 지나간 과거의 일을 떠올리거나 아직 오지도 않은 미래의 일을 추측하는 상상, '좋다/나쁘다', '깨끗하다/더럽다', '귀하다/천하다' 등으로 분별하는 채색, 그리고 진리·선악·자유·평화·정의 등의 개념들은 바깥에 실재하는 게 아니라 모두 마음이 지어낸 것이다.

과거의 일을 떠올리거나 미래의 일을 추측하는 상상은 마음이 일으키는 허망한 영상일 뿐이다.

'좋다/나쁘다' 등의 분별은 마음이 갈라놓은 2분법이지 대상에 실재하는 게 아니다.

그리고 진리·선악·자유 등의 추상 언어는 지각 대상도 아니고 영상도 없는 개념이다. 상상은 떠오르는 화면이고, 채색된 지각은 대상이 있지만 추상 언어에는 그런 게 없다. 오직 언어의 유희일 뿐이다. 헌데 마음이 지어낸 이 개념들을 바깥에 실재하는 양 착각해서 그것에 얽매이고, 집착하며, 찾아 헤맨다. 그러나 그것은 단지 마음이 일으킨 소음에 지나지 않는다.

덧붙여, '있다'고 할 때 '있다'는 말은, 집·나무·바위가 '있다'고도 하고, 생각·영상·감정이 '있다'고도 한다. 전자는 바깥 대상으로 '있다'이고, 후자는 마음에 '있다'이다. 즉, 전자는 지금 바깥에 실재하는 대상이고, 후자는 머릿속의 분별이고 화면이다.

이래저래 분별함으로써

갖가지 대상을 두루 분별한다.

이 변계소집성(遍計所執性)은

실재하지 않는다.

– 『유식삼십론송(唯識三十論頌)』 제20송

의타기성(依他起性)의

분별은 조건에 의해서 생긴다.

원성실성(圓成實性)은 그것(의타기성)에서

앞의 것(변계소집성)을 멀리 떠난 성품이다.

– 『유식삼십론송(唯識三十論頌)』 제21송

이 3성(性)에 의거해서

3무성(無性)을 세운다.

그래서 붓다께서 모든 현상에는

자성이 없다고 본뜻을 말씀하셨다.

– 『유식삼십론송(唯識三十論頌)』 제23송

이것(원성실성)은 모든 현상의 궁극적인 이치이고

또 진여(眞如)이다.

불변하고 분별이 끊어진 상태이기 때문에

유식의 참다운 성품이다.

- 『유식삼십론송(唯識三十論頌)』 제25송

마음에 떠오르는 모든 현상은 온갖 분별에 의한 상상이고 채색된 지각이다. 이 마음 작용은 여러 조건에 의해 일어나므로 의타기성(依他起性)이다. 이 상상을 바깥에 실제로 존재한다고 착각하여 거기에 집착하고, 채색된 지각도 참모습이라고 착각하여 거기에 집착하는 게 변계소집성(遍計所執性)이다. 의타기성에서 변계소집성이 떨어져 나간 청정한 성품이 원성실성(圓成實性)이다. 간추리면 의타기성에 집착하는 게 변계소집성이고, 의타기성에 집착하지 않는 게 원성실성이다. 이 3성(性)에는 다 고유한 실체가 없다.

마음이 없어 생각하거나 헤아리지 않으니

이는 출세간의 지혜이다.

주관과 객관을 버림으로써

문득 전의(轉依)를 증득한다.

-『유식삼십론송(唯識三十論頌)』 제29송

전의(轉依)의 경지는 불가사의하다. 살펴서 생각하고 언어로 표현하는 길을 초월했기 때문이다. 미묘하고 매우 심오하며, 스스로 체득한 내면의 깨달음이기 때문이고, 세간의 어떤 비유로도 표현할 수 없기 때문이다.

-『성유식론(成唯識論)』 제10권

전의(轉依)는 번뇌에 오염되어 있는 여덟 가지 마음 작용이 청정한 상태로 변혁된다는 뜻이다. 전의는 온갖 분별이 끊어졌기 때문에 2분법의 언어로 표현할 수 없는, 스스로 체득한 내면의 깨달음이다. 상상과 허상이 일어나지 않고, 대상을 채색하지 않고 있는 그대로 직관하는 상태이다.

이와 같이 모든 현상은 오직 마음이 지어낸 것이어서 마음을 떠나면 대상이 없고, 대상을 떠나면 마음이 없으니, 이것을 유식(唯識)의 사유와 고찰이라 한다.

-『금강삼매경론(金剛三昧經論)』 하(下), 「여래장품(如來藏品)」

3계(界)가 마음에 의지해 있고
12인연(因緣)도 그러함을 확실히 알고
생사(生死)가 다 마음이 지은 것이니
마음이 소멸하면 생사도 없네.

– 80권본 『화엄경(華嚴經)』 제37권, 「십지품(十地品)」

마음이 일어나니 온갖 현상이 생기고, 마음이 없어지니 온갖 현상이 없어진다. 한 마음이 일어나지 않으면, 온갖 현상에 허물이 없다.

– 『임제록(臨濟錄)』

어둡고 캄캄해 허공이 되었고, 허공과 어둠 가운데 어둠이 응결되어 물질이 되었다. 그 물질이 망상과 뒤섞여 생각과 형상을 지닌 것을 육신이라 한다. 인연이 쌓여 안에서 흔들리고, 밖으로 나가는 어둡고 어지러운 작용을 마음이라 한다.

한번 잘못 알아 마음이라 하고는, 이 마음이 육신 안에 있다고 착각해서 육신 밖의 산하·허공·대지가 모두 묘하고 참된 마음 가운데 있는 줄 알지 못한다. 비유하면 청정하고 가없이 넓은 바다를 버리고, 조그만 물거품을 바다 전체라 여겨 그것으로 광대한 바다를 다 알았다고 하는 것과 같다.

– 『능엄경(楞嚴經)』 제2권

어찌해서 일심(一心)이라 하는가?

더러움과 깨끗함은 그 본성이 둘일 수 없고, 진여문(眞如門)과 생멸문(生滅門)은 다를 수 없기 때문에 '일(一)'이라 한다. 이 둘이 없는 경지가 모든 법 가운데 가장 진실하다. 그러나 허공과 같지 않아 본성이 스스로 묘하게 알기 때문에 '심(心)'이라 한다.

이미 둘이 없는데 어찌 '하나'가 있겠는가. '하나'도 없는데 무엇을 '마음'이라 하겠는가.

이 도리는 말과 생각을 떠났기에 무엇이라 해야 할지 몰라 억지로 '일심(一心)'이라 한다.

– 『대승기신론소기회본(大乘起信論疏記會本)』 제1권, 소(疏)

과거에 겪은 경험의 흔적들을 저장하고 있는 아뢰야식이 소멸하고, 아치(我癡)·아견(我見)·아만(我慢)·아애(我愛)의 네 번뇌와 항상 함께 일어나는 말나식이 붕괴해 버리면, 마음도 없고, 에고도 없다. 모든 경계가 사라져 버렸으니 '하나'다.

무심(無心)이고, 무아(無我)이고, 일심(一心)이다.

황벽(黃檗)이 배휴(裵休)에게 말했다.

"모든 부처와 중생은 오직 일심(一心)이고, 전혀 다른 게 없다.

이 마음은 애당초 생긴 적도 없고 소멸한 적도 없다. 마음은 푸르거나 누렇지도 않고, 형상이나 모양도 없고, 있다거나 없다는 데속하지도 않고, 새것이거나 헌것도 아니고, 길거나 짧지도 않고, 크거나 작지도 않고, 모든 한계와 이름과 말과 흔적과 대립을 벗어났다.

그저 이것일 뿐이니, 생각을 움직이면 곧 어긋난다. 마치 허공과같아서 끝이 없으니 가늠할 수가 없다.

오직 이 일심(一心)이 부처이고, 부처와 중생은 전혀 다르지 않다."

– 『전심법요(傳心法要)』

꼬맹이들이
하도 담벼락에 낙서하기에
주인이 담벼락에
'여기에 낙서하지 마라.'고
낙서했다.

꼬맹이들이
옆방에서 장난치며 떠들기에
할배가 고함쳤다.
"야, 이놈들아!"
꼬맹이들은 하도 시끄러워
밖에 나가 놀았다.

찾아보기

이것이
불교의

핵
심
이
다

2014년 5월 30일 초판 1쇄 발행
2025년 4월 30일 초판 6쇄 발행

지은이 곽철환
발행인 박상근(至弘) • 편집인 류지호 • 편집이사 양동민
편집 김재호, 양민호, 김소영, 최호승, 정유리 • 디자인 쿠담디자인 • 제작 김명환
마케팅 김대현, 김대우, 이선호, 류지수 • 관리 윤정안
콘텐츠국 유권준, 김희준
펴낸 곳 불광출판사 (03169) 서울시 종로구 사직로10길 17 인왕빌딩 301호
        대표전화 02) 420-3200 편집부 02) 420-3300 팩시밀리 02) 420-3400
        출판등록 제300-2009-130호(1979. 10. 10.)

ISBN 978-89-7479-061-5 03200

값 16,000원